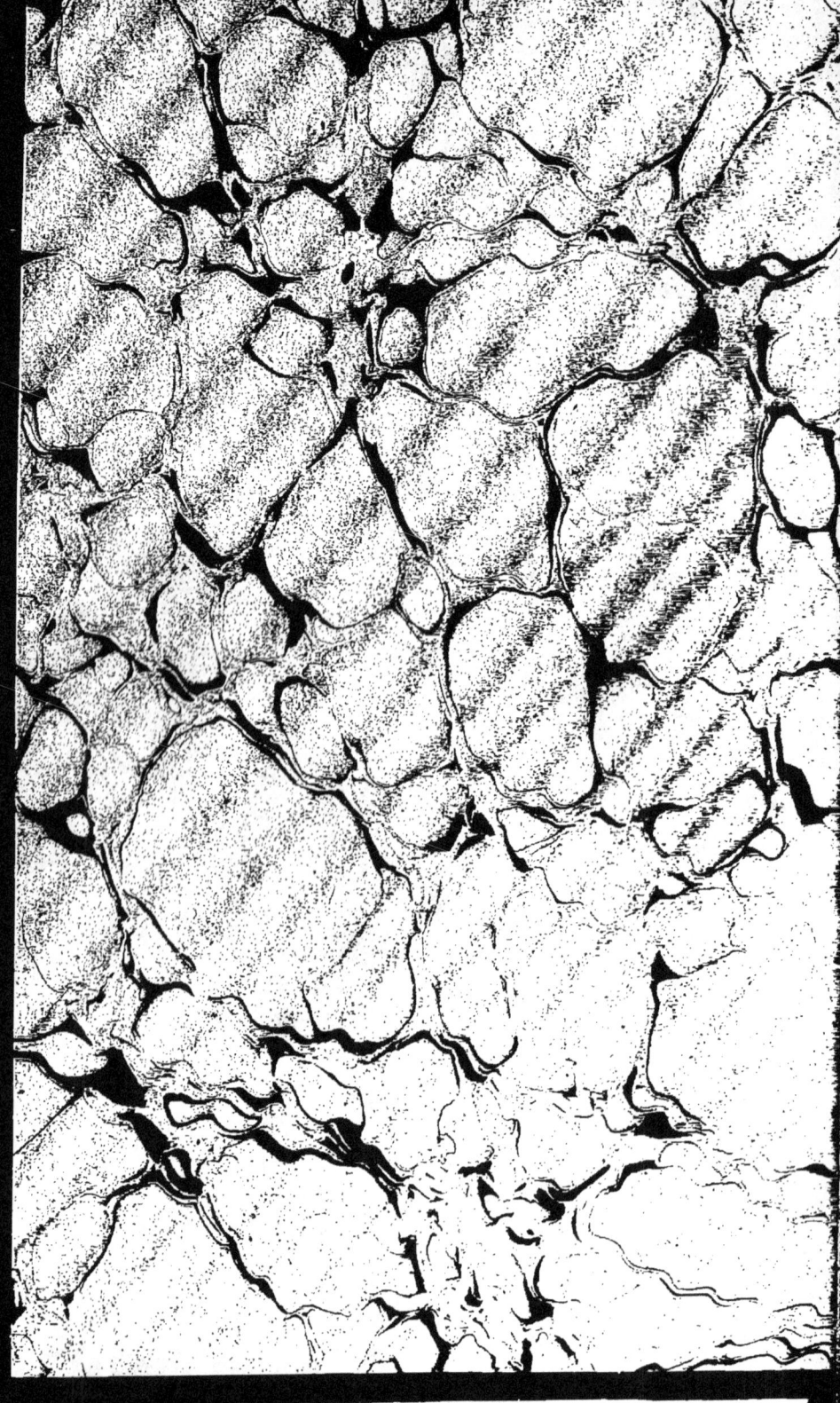

COLLECTION DES CLASSIQUES POPULAIRES

BOILEAU

LES CLASSIQUES POPULAIRES

Publiés sous la direction de M. Emile FAGUET

Prix de chaque volume, broché 1 50
— — *cart. souple, tr. rouges,* 2 50

Chaque volume contient de nombreuses illustrations.

CHATEAUBRIAND, par A. Bardoux, membre de l'Institut, 1 vol.
LAMARTINE, par Édouard Rod, 1 vol.
ALFRED DE MUSSET, par Claveau, 1 vol.
VICTOR HUGO, par Ernest Dupuy, inspecteur général de l'Enseignement secondaire, 1 vol.
BÉRANGER, par Ch. Causeret, agrégé de l'Université, docteur ès Lettres, inspecteur d'Académie.
AUGUSTIN THIERRY, par F. Valentin, agrégé de l'Université, professeur au Lycée Buffon.
MICHELET, par F. Corréard, professeur agrégé d'histoire au lycée Charlemagne, 1 vol.
THIERS, par Edgar Zevort, recteur de l'Académie de Caen, 1 vol.
GUIZOT, par J. de Crozals, professeur à la Faculté des Lettres de Grenoble, 1 vol.
EMILE AUGIER, par H. Parigot, professeur de rhétorique au lycée Janson-de-Sailly, 1 vol.
MONTESQUIEU, par Edgar Zevort, recteur de l'Académie de Caen, 1 vol.
LESAGE, par Léo Claretie, agrégé des Lettres, docteur ès Lettres.
VOLTAIRE, par Emile Faguet, professeur à la Sorbonne.
ANDRÉ CHÉNIER, par Paul Morillot.
BUFFON, par H. Lebasteur, professeur agrégé des Lettres au Lycée de Lyon, 1 vol.
J.-J. ROUSSEAU, par L. Ducros, professeur à la Faculté des Lettres d'Aix, 1 vol.
BERNARDIN DE SAINT-PIERRE, par de Lescure, 1 vol.
FLORIAN, par Léo Claretie, professeur agrégé des Lettres, docteur ès Lettres, 1 vol.
CORNEILLE, par Emile Faguet.
LA FONTAINE, par le Même, 1 vol.
MOLIÈRE, par H. Durand, inspecteur général honoraire de l'Université, 1 vol.
BOILEAU, par P. Morillot, professeur à la Faculté des Lettres de Grenoble, 1 vol.
RACINE, par Paul Monceaux, professeur de rhétorique, docteur ès Lettres, 1 vol.
RETZ, par Ch. Normand, docteur ès Lettres, 1 vol.
Mme DE SÉVIGNÉ, par R. Valléry-Radot, lauréat de l'Académie française, 1 vol.
BOSSUET, par G. Lanson, maître de conférences à l'École normale supérieure, docteur ès Lettres, 1 vol.

LA ROCHEFOUCAULD, par Félix Hémon.
FÉNELON, par G. Bizos, recteur de l'Académie de Dijon, 1 vol.
LA BRUYÈRE, par Maurice Pellisson, 1 vol.
SAINT-SIMON, par J. de Crozals, professeur à la Faculté des Lettres de Grenoble, 1 vol.
RONSARD, par G. Bizos, 1 vol.
MONLUC, par Ch. Normand, docteur ès Lettres, professeur agrégé d'histoire au lycée Condorcet, 1 vol.
RABELAIS, par Emile Gebhart, professeur à la Sorbonne.
MONTAIGNE, par Maxime Lanusse, docteur ès Lettres, professeur agrégé au Lycée Charlemagne.
LES CHRONIQUEURS, par A. Debidour, inspecteur général de l'Enseignement secondaire.
PREMIÈRE SÉRIE : *Villehardouin,* — *Joinville,* 1 vol.
DEUXIÈME SÉRIE : *Froissart ;* — *Commines,* 1 vol.
LA POÉSIE LYRIQUE EN FRANCE AU MOYEN AGE, par L. Cledat, doyen de la Faculté des Lettres de Lyon, 1 vol.
LE THÉATRE EN FRANCE AU MOYEN AGE, par Le Même, 1 vol.
SHAKESPEARE, par James Darmesteter, professeur au Collège de France, 1 vol.
DANTE, par Edouard Rod, 1 vol.
LE TASSE, par Emile Mellier, inspecteur d'Académie, 1 vol.
GOETHE, par Firmery, professeur de littérature étrangère à la Faculté des Lettres de Lyon, 1 vol.
CERVANTES, par Lucien Biart, 1 vol.
HOMÈRE, par A. Couat, recteur de l'Académie de Bordeaux, 1 vol.
VIRGILE, par A. Collignon, professeur de rhétorique et maître de conférences à la Faculté des Lettres de Nancy, 1 vol.
PLUTARQUE, par J. de Crozals, professeur d'histoire à la Faculté des Lettres de Grenoble, 1 vol.
DÉMOSTHÈNE, par H. Ouvré, professeur à la Faculté des Lettres de Bordeaux, 1 vol.
CICÉRON, par M. Pellisson, agrégé des Lettres, inspecteur d'Académie, docteur ès Lettres, 1 vol.
HÉRODOTE, par F. Corréard, professeur agrégé d'histoire au lycée Charlemagne, 1 vol.

Tous les volumes parus ont été honorés d'une souscription du Ministère de l'Instruction publique.

Nicolas Boileau
d'après une reproduction de la Bibliothèque Nationale.

NOUVELLE COLLECTION DES CLASSIQUES POPULAIRES

BOILEAU

PAR

P. MORILLOT

PROFESSEUR DE LITTÉRATURE FRANÇAISE A LA FACULTÉ DES LETTRES
DE GRENOBLE

**Ce volume contient de nombreuses reproductions
de la Bibliothèque nationale.**

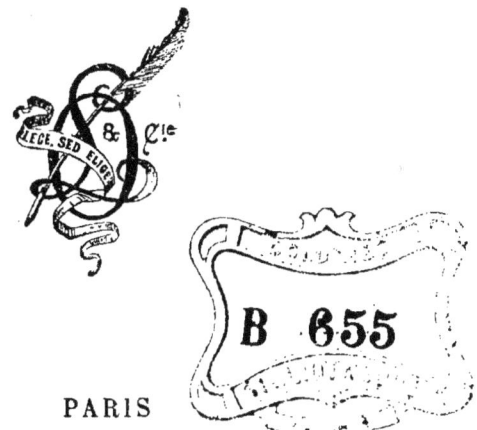

PARIS
SOCIÉTÉ FRANÇAISE D'IMPRIMERIE ET DE LIBRAIRIE
(Ancienne Maison LECÈNE, OUDIN et Cie)
15, RUE DE CLUNY, 15

1897

Tout droit de traduction et de reproduction réservé

AVANT-PROPOS

Il n'est pas besoin, je pense, d'expliquer longuement pourquoi Boileau a sa place toute marquée dans cette collection des Classiques Populaires : *la vérité est que ce titre semble avoir été imaginé pour lui, bien plus que pour aucun autre de nos grands écrivains.*

Classique, Boileau l'est à un degré éminent : il a même trouvé le moyen de l'être de deux façons différentes, selon qu'on élargit ou qu'on restreint l'acception de ce mot, toujours malaisé à définir. Si ceux-là sont vraiment des classiques, qui enrichissent de quelque conquête nouvelle le patrimoine des lettres nationales, révolutionnaires de la veille, que le succès de leur entreprise et le cours du temps transforment en conservateurs du lendemain, Boileau, j'en atteste M. Deschanel, est un classique de cette espèce : il a apporté beaucoup d'idées qui étaient très neuves aux environs de 1660, *et il les a si bien fait entrer dans le cerveau des Français qu'ils ne lui en savent plus aujourd'hui aucun gré. Mais il est encore classique dans l'autre sens du mot : c'est-à-dire qu'il personnifie admirablement cet idéal d'ordre, de dignité, et d'imperturbable raison auquel certains critiques rapportent toutes les productions de l'esprit, comme à un* modèle définitif et parfait. C'est Boileau qui a fondé cette doctrine en France peu après l'année 1660; et il en reste encore après plus de deux siècles le représentant officiel.

La popularité de Boileau est tout aussi indiscutable, et elle est faite de très bon aloi. Boileau est, je crois, de tous nos auteurs (et je n'excepte ni Molière, ni La Fontaine lui-même) celui qui convenait le mieux au génie moyen de notre nation, et qui s'est le plus facilement imposé à notre admiration. Pour diverses causes, qu'on dira plus loin, les vers de Boileau se gravent tout naturellement dans notre mémoire ; l'intelligence les accueille si volontiers qu'elle ne saurait plus s'en défaire. Boileau est certainement l'auteur que l'on cite le plus et aussi celui que l'on cite le mieux. On lui attribue bien, à vrai dire, quelques vers qu'il n'a jamais écrits, mais on ne prête qu'aux riches, et ces vers sont de ceux qu'il aurait sûrement pu écrire. Cette popularité inouïe ne signifie pas que Boileau soit le plus aimé de nos grands écrivains : tant s'en faut : c'est peut-être celui dont on est le plus porté à dire du mal. Voilà bientôt deux cent cinquante ans qu'on en médit : de son temps on l'accusait d'être méchant ; au XVIIIe siècle on le trouvait trop peu libertin et trop correct auteur ; au XIXe, on lui a surtout reproché d'avoir porté une perruque et de n'avoir rien compris par avance aux drames de 1830. Ceux-là même qui en disent le plus de bien ne sont pas fâchés, à l'occasion, d'en laisser penser un peu de mal. Mais Nicolas se venge doucement et de la bonne façon : il continue à avoir très souvent raison, en prose et en vers, et à nicher obstinément ses hémistiches dans la cervelle de ses plus acharnés détracteurs. Il n'y a pas d'autre exemple d'une popularité aussi tenace.

Au reste, il faut bien reconnaître que ces colères et ces railleries à l'adresse de Boileau ne sont plus guère de mode : la querelle des romantiques et des classiques nous semble plus amusante à coup sûr, mais tout aussi perdue dans le passé que celle des nominaux et des universaux ; et, par bonheur, on est aujourd'hui dispensé d'épouser l'un ou l'autre parti. Il devient donc assez facile de parler maintenant de Boileau sans superstition et sans rancune, et de dire tout simplement le bien et le mal qu'on doit penser de ce brave homme qui s'est trouvé, en définitive, faire tant d'honneur aux lettres françaises.

Telle est la modeste prétention de ce livre, où je crains bien que nos criticistes ne trouvent pas le plus petit grain d'inédit à se mettre sous la dent.

P. M.

BOILEAU

PREMIÈRE PARTIE

VIE DE BOILEAU; L'HOMME, SON CARACTÈRE

« Il n'y a peut-être pas d'homme en France si Parisien que moi », écrivait un jour Boileau à son ami Brossette. Cette affirmation n'a pas empêché beaucoup de ses éditeurs de le faire naître à Crosnes, près de Villeneuve-Saint-Georges, sur la foi de Racine le fils. La vérité est que Boileau naquit au cœur même de Paris, dans la Cité, le 1er novembre 1636 ; et, par une coïncidence curieuse, la chambre même de la petite ruelle de l'Enclos du Palais, où vint au monde l'auteur des *Satires*, avait été, quelque quarante ans auparavant, le logis de Jacques Gillot, où le spirituel chanoine réunissait ses amis Le Roy, Passerat, Pithou, Rapin et Florent Chrestien, et aiguisait avec eux les traits malicieux de cette œuvre à la fois si parisienne et si française, la *Satire Ménippée*. Boileau pouvait donc se dire à bon droit Parisien. Il ne l'était pas seulement par le hasard de sa naissance, mais aussi par le tour même de son esprit : il appartient, en effet, à cette grande famille des *bons becs de Paris*, qui commence avec Rutebœuf et Villon, et se continue par les auteurs de la *Ménippée*, par Regnier, Scarron, Molière, et après Boileau, par Regnard, Voltaire, pour ne citer que ceux-là : tous grands rieurs et intrépides moqueurs, peu indulgents aux ridicules des hommes, et en particulier des provinciaux.

Les parents de Boileau ne furent pour rien dans sa vocation : ce n'est pas d'eux qu'il tint ce *sang critique* ni qu'il hérita ce *talent redouté* de la satire. Le père, « maître Gilles Boileau, greffier du Conseil de grand'chambre », ne fut pas autre chose qu'un très brave homme « fameux par sa probité », quoiqu'il appartînt à la classe des gens de robe, « doux et pacifique » envers tous, excepté envers les fripons et le célèbre Rolet, très satisfait de son état, et fort désireux d'établir comme greffiers ou comme greffières chacun de ses seize enfants. C'est dans la poudre des procédures que naquit la Muse de Boileau : ne cherchons pas autour de son berceau d'autre parrainage que cette tribu de greffiers, énumérée complaisamment dans un vers célèbre où Boileau se dit

Fils, frère, oncle, cousin, beau-frère de greffiers.

N'y cherchons pas non plus une mère tendre et sensible : celle de Boileau, Anne de Niellé, fille d'un procureur, seconde femme de maître Gilles, mourut fort jeune, laissant un regret plutôt qu'un souvenir au cœur de son fils ; elle était douce et bonne, comme son mari, et le poète a pu leur faire dire dans une épitaphe :

Nous ne sûmes jamais ni railler ni médire.
Passant, ne t'enquiers point si de cette bonté
Tous mes enfants ont hérité.

Cette bonté inoffensive, il est certain que Gilles Boileau et Anne de Niellé ne la léguèrent pas à leurs enfants ; mais il est arrivé, par un curieux phénomène d'atavisme, que ces époux débonnaires ont transmis à leur descendance la verve âpre et tracassière de leurs ancêtres procureurs.

Privé de sa mère à l'âge de deux ans, et presque le dernier venu d'une nombreuse famille, le jeune Nicolas Boileau commença la vie assez tristement. Il fut d'abord relégué aux champs et abandonné à une domestique « ignorante, dure et impérieuse » ; puis, à peine âgé de sept ans, il fut mis au collège d'Harcourt, où mal soigné et mal nourri, il contracta bientôt cette pénible maladie de la pierre, qui a été pour lui l'origine de tant de sots et désobligeants commentaires : il est certain tout au moins que l'opération qu'il dut subir contribua à assombrir sa jeunesse et « lui laissa pour tout le reste de sa vie une très grande incommodité » (1). Il changea alors le collège d'Harcourt pour celui de Beauvais, où il termina ses études sous la direction de professeurs, qu'il ne se fit pas faute de railler un peu dans la suite, M. Sévin, régent de troisième, et le solennel et fleuri M. de la Place, capable, en fait de traductions, de rendre des points à Perrot d'Ablancourt. Les ridicules de ses maîtres n'empêchèrent pas le jeune Boileau de s'éprendre des lettres grecques et latines, de lire en cachette Horace, Perse et Juvénal, et de ri-

---

(1) De Boze, *Éloge de Boileau*.

mailler une tragédie en cinq actes sur la mort des géants.

Si morose qu'elle fût, cette vie lui plaisait plus encore que celle qu'il allait être contraint de mener. Une fois sorti des bancs du collège, il lui fallut d'abord suivre un cours de théologie en Sorbonne, pour se préparer aux fonctions ecclésiastiques, en vue desquelles il avait été tonsuré, dès l'âge de onze ans, et pourvu de bonne heure d'un petit bénéfice. Dégoûté de ces arguties scolastiques, il choisit de deux maux le moindre, et se tourna vers les études de droit qu'il n'aimait guère : il commença alors le fastidieux apprentissage du greffe, auquel tous les enfants de Gilles Boileau semblaient plus ou moins destinés dès leur naissance. Il ne s'y résigna qu'à contre-cœur, et ne se fit pas scrupule de déserter parfois la déesse de la chicane pour la muse plus avenante de la poésie ; tout cela, au grand scandale de sa famille.

> Mais bientôt amoureux d'un plus noble métier,
> Pouvant charger mon bras d'une utile liasse
> J'allai loin du Palais errer sur le Parnasse.
> La famille en pâlit, et vit en frémissant
> Dans la poudre du greffe un poète naissant :
> On vit avec horreur une muse effrénée
> Dormir chez un greffier la grasse matinée...

Ce greffier, c'était son beau-frère M. Dongois, chez qui il se formait au style de la procédure. Ses débuts au Palais ne furent pas plus brillants : il ne plaida qu'une cause, et la plaida très mal, sans dissimuler assez l'ennui qu'il éprouvait à cette besogne. Il commençait donc sa carrière sous de tristes auspices. Mais, à défaut de vocation, l'habitude aurait peut-être à la longue courbé sa nature et conformé son esprit aux nécessités du métier, et les Boileau auraient pu compter un greffier de plus dans leur famille. C'est alors qu'un événement inattendu vint rendre sa liberté au jeune Nicolas, et lui permit de prendre enfin conscience de son vrai talent. En 1657 mourut maître Gilles. Devenu maître absolu de son sort, Despréaux renonça bien vite à être un mauvais avocat, et se donna tout entier au démon qui l'attirait vers la poésie.

Rien n'annonçait encore, à vrai dire, l'auteur des *Satires*, et il serait fort inutile de vouloir démêler dans ces premiers essais la marque du talent de Boileau. Il semble, au contraire, avoir quelque temps cherché sa voie, et s'être amusé à cultiver les petits genres à la mode : les premiers vers qui nous aient été conservés de lui, et qu'il reconnaît avoir composés à l'âge de dix-sept ans, sont des plus frivoles : c'est la fameuse énigme de la *Puce*, spirituellement tournée d'ailleurs.

C'est ensuite une *chanson à boire*, bien inférieure à celles qui sortaient de la verve bachique d'un Saint-Amant ou d'un Colletet, mais ni pire ni meilleure que la plupart des pièces de ce genre.

Signalons encore quelques essais de poésie amoureuse en l'honneur d'Iris plus ou moins en l'air, stances médiocres dont le souvenir devait gêner plus tard leur auteur, au temps où il se moquait si agréablement de toutes ces fades et doucereuses métaphores. Il y avait vite renoncé lui-même : car nul moins que lui n'était fait pour réussir en un pareil genre. « Très peu voluptueux », à ce qu'il nous dit, il n'a certainement jamais rien compris à l'amour, ni aux femmes ; ou du moins il n'a jamais éprouvé ni exprimé de sentiments bien forts sur ce sujet : ses ennemis n'ont pas manqué de le lui reprocher souvent en termes grossiers, et avec des allusions blessantes. Dès lors il était naturel qu'il ne s'obstinât pas dans cette voie, lui, le poète de sang-froid, le poète sincère, dont le plus grand mérite devait être le culte exclusif et passionné de la vérité.

Ni bel esprit, ni libertin, ni galant, c'est vers la satire que Boileau se sentit invinciblement attiré par le désir secret de sa nature observatrice et critique. Il faut dire aussi que les circonstances de sa vie aidèrent beaucoup à sa vocation.

A la mort de son père, il avait quitté la maison où il était né et il était allé s'installer, avec ses frères Gilles et Jacques, chez l'aîné de la famille, Jérôme Boileau. La chambre qu'il y occupait était fort étroite et fort laide, perchée au faîte de la maison, sous les toits : ce qui lui fit dire avec joie, lorsqu'on lui donna, quelques années après, une mansarde au quatrième étage : « Je suis descendu au grenier ! » Mais il est temps de dire quelques mots de ces frères Boileau, au milieu desquels Nicolas allait vivre, et dont le caractère devait singulièrement influer sur son talent.

Quatre surtout nous sont connus : Jérôme et Pierre, fils du premier lit; Gilles et Jacques, du second. Jérôme demeurait en face de cette Sainte-Chapelle où Boileau devait placer la scène de son joyeux *Lutrin* : c'est chez lui que se réunissait d'ordinaire toute la famille. Héritier du greffe paternel, et très pénétré de la dignité de sa charge, brave homme au fond, à vues un peu étroites, Jérôme n'eut guère qu'un vice, celui du jeu, à l'aide duquel il essayait d'oublier les chagrins et les criailleries domestiques. Madame Jérôme semble, en effet, avoir été un type de greffière, acariâtre et vaine, comme on en trouvera quelques années plus tard dans les comédies de Dancourt. Nicolas, en attendant, ne se fit pas faute d'en rire, et d'en noter les traits les plus plaisants, que nous retrouvons semés dans ses œuvres, et surtout dans la Xe satire. Il nous l'a représentée à la fois comme une furie domestique, grondant et tracassant son mari, chassant ses valets, et comme une malade imaginaire, dolente, geignante, tombant douze fois par jour en pâmoison dans les bras d'un époux. Ce point était de tous celui qui choquait le plus Boileau ; car, non contente de se soigner elle-même à tort et à travers, la belle-sœur imposait les bons offices de son médecin à tout son entourage : Boileau, souffrant d'un asthme, ne fut-il pas, comme il nous le raconte, forcé de se faire saigner au pied ? « Ce qui arriva de cela, ajoute-t-il, c'est que ma difficulté de respirer ne diminua point, et que dès le lendemain le pied m'enfla de telle sorte que j'en fus trois semaines dans le lit. » Ce médecin portait un nom que nous retrouverons souvent dans certaines épigrammes : c'était Claude Perrault. Ce fut dans cette circonstance, et dans une autre plus malheureuse encore (la mort de sa nièce Anne Dongois, tuée par les bons soins d'un charlatan), que Boileau contracta cette haine des médecins, si commune alors et si facilement excusable. Bien des ridicules domestiques s'offraient donc à l'esprit observateur et caustique du jeune Despréaux dans la maison de son frère Jérôme : et il n'avait pas à aller bien loin pour en trouver d'autres, plus comiques encore et plus accusés : en effet, dans la cour même du Palais, c'est-à-dire à quelques pas du logis du greffier, habitait un couple grotesque, type fameux de ladrerie et de malpropreté, le lieutenant général Tardieu et sa digne compagne. Il y avait bien dans tout cela de quoi émouvoir de bonne heure la vocation du futur satirique.

Du reste, ce « sang critique », qui devait distinguer les enfants du pacifique maître Gilles, bouillonnait déjà chez les frères aînés de Nicolas. Pierre Boileau, qui sera connu plus tard sous le nom de Boileau-Puymorin, et qui dans sa jeunesse avait fait partie de la cour de Gaston d'Orléans, était une manière de bouffon spirituel, qui amusait les sociétés en contrefaisant des gens connus, ou en récitant des farces. Jacques Boileau, qui fut docteur de Sorbonne et chanoine de la Sainte-Chapelle, était un railleur intrépide, grand diseur de bons mots, et auteur d'ouvrages « singuliers et même quelquefois peu décents », au dire de d'Alembert : on en pourrait citer maints traits plaisants, qui s'accordent mal avec la gravité de ses fonctions, mais qui confirment assez bien le jugement que son père avait porté sur lui : « Jacot est un débauché. » Le vieux Boileau avait dit aussi : « Gillot est un glorieux » ; et il n'avait pas tort. Gilles Boileau, connu de bonne heure par des petites poésies et membre de l'Académie dès 1659, fut en effet le plus vaniteux, le plus susceptible et le plus médisant des hommes de lettres de cette époque. Il passa sa vie à se disputer, dans des querelles célèbres, avec Ménage, avec Costar, avec Scarron, avec son propre frère Nicolas, à qui il ne pardonna jamais d'avoir fait des vers mieux que lui : c'était au demeurant un poète estimable, un homme d'esprit et de talent, chez qui le mauvais caractère a gâté les meilleures qualités. Le génie satirique fermentait dans cette famille des Boileau avant de trouver dans Despréaux sa complète expression : « Gilles est l'ébauche, a dit Sainte-Beuve, Jacques est la charge, Despréaux est l'œuvre. » Toutes les qualités et les énergies de cette forte race, éparpillées chez Pierre, Jacques et Gilles, vont en effet se trouver réunies et condensées dans Nicolas, cet enfant à l'air apathique et taciturne, qui avait grandi sans qu'on y prît garde autour de ses frères, et qui allait justifier si peu la prédiction de son père : « Pour Colin, c'est un bon garçon qui ne dira jamais de mal de personne. » Ce bon petit garçon rêvait tout simplement d'être un Perse ou un Juvénal.

Pour mener à bien l'œuvre qu'il allait assumer, il fallait que Boileau eût l'indépendance de la fortune ; ce poète, qui allait le prendre de si haut avec les vices du siècle et les ridicules des mauvais auteurs, devait être à l'abri de tout soupçon de vénalité ; d'autres étaient réduits, sans être déshonorés pour cela, à mendier une pension ou à flatter des protecteurs : il fallait que les mains du satirique restassent nettes pour manier avec autorité la férule. Boileau eut le bonheur de ne pas connaître la gêne. Il possédait de l'héritage paternel 12,000 écus, soit 36,000 livres, dont il plaça très habilement un tiers à fonds perdu sur la ville de Lyon, moyennant un gros revenu. Il avait aussi un petit bien du côté de Villeneuve-le-Roy, et il garda pendant quelques années la jouissance du prieuré de Saint-Paterne, au diocèse de Beauvais. Ce n'était pas la richesse, mais c'était une très large aisance, qui lui permit de ne jamais prendre un sou du produit de ses œuvres, et de faire beaucoup de bien autour de lui. Il n'avait pas besoin des faveurs royales, et quand elles vinrent plus tard, elles furent pour lui un honneur bien plutôt qu'un salaire.

Il se jeta courageusement dans la mêlée dès qu'une occasion s'offrit, c'est-à-dire en 1662. Depuis deux ans, il faisait et refaisait sans cesse une satire où il se déchaînait contre la corruption du siècle, la vénalité et la misère des gens de lettres, et aussi contre les embarras de Paris (1). Furetière étant venu un jour au logis de Jérôme, Despréaux, qui s'y trouvait seul, lui lut ce premier essai ; il en reçut beaucoup d'éloges, et se décida, sur ses instances, à laisser courir ce premier enfant de sa verve : cette satire circula manuscrite, puis figura bientôt dans un recueil mêlé sans que le nom de l'auteur s'y trouvât. Elle fit un bruit énorme, et valut tout de suite à Boileau d'illustres inimitiés. Le jeune poète trouvait le moyen d'y attaquer en face non seulement un traitant, un procureur (le fameux Rolet), un cardinal (Monseigneur de la Rivière), mais aussi les écrivains les plus réputés, Saint-Pavin, Colletet, Desmarets de Saint-Sorlin, Chapelain, et jusqu'à son propre frère, Gilles Boileau, chez qui il n'avait trouvé que jalousie et malveillance :

> Moi, je ne saurais pas, pour un injuste gain,
> Aller bas et rampant fléchir sous Chapelain.
> Cependant, pour flatter ce rimeur tutélaire,
> Le frère en un besoin va renier son frère...

C'était se mettre sur les bras bien des ennemis ; mais Boileau n'était pas homme à reculer quand il parlait au nom de la raison : il doubla et tripla la

(1) Cette satire, que Boileau dédoubla plus tard, forme la 1re et la VIe du Recueil.

dose et répliqua aux injures, qui commençaient à pleuvoir sur lui, par de nouvelles satires. Entre temps, il s'était amusé à composer ce joli *Dialogue des Héros de Roman*, qu'il lisait dans les sociétés, mais qu'il ne consentit à laisser imprimer que quarante ans plus tard. Héroïques et précieux, poètes « du grand collier » ou amuseurs de ruelles, il avait ameuté contre lui tout le Parnasse, du moins presque tous ceux qui, à cette époque, se partageaient la faveur du public. Nous dirons plus loin, en parlant des *Satires*, quelle fut l'ardeur de la lutte, quels étaient ces poètes renommés auxquels s'attaquait ce réformateur obscur, au nom de quels principes il venait bouleverser et régenter la poésie, quel admirable et courageux bon sens il déploya dans cette tâche difficile. Mais constatons dès maintenant qu'en face de cette coalition formidable de tous les amours-propres blessés et des médiocrités dévoilées, il avait su presque dès le premier jour grouper autour de lui une bien petite mais bien précieuse phalange d'écrivains dont il avait pressenti le génie et auxquels il était allé tout droit avec son infaillible instinct. En 1663 il saluait par des stances élogieuses la première représentation de l'*Ecole des femmes ;* en 1664 il adressait à Molière la satire sur *la Rime ;* à la même époque il s'était fait de Racine un ami, en critiquant librement son *Ode à la Renommée ;* il avait aussi, dans la *Dissertation sur Joconde,* apprécié avec infiniment de justesse le talent naissant de La Fontaine. De tels alliés valaient une armée et étaient le meilleur gage de victoire. Enfin, pour ôter à ses adversaires leur arme la plus dangereuse, il composait en 1665 son *Discours au Roi*, où il s'excusait fort habilement de n'avoir pas célébré plus tôt ce nouvel Auguste, et où il s'efforçait de justifier à ses yeux ce genre toujours suspect de la satire. Ce n'est certainement pas l'œuvre la meilleure de Boileau, mais ce fut peut-être celle qui servit le mieux son dessein. Elle lui assurait au moins la neutralité bienveillante de Louis XIV.

Jusqu'alors Boileau n'avait pas songé à faire imprimer ses satires : il s'était contenté de les lire, de les laisser courir un peu partout sous le manteau, et de ne pas protester contre les copies qu'on en avait faites. Pourtant en 1666 il perdit patience devant une « monstrueuse édition » où l'on avait, à son insu, reproduit ses œuvres en les défigurant. Il se décida alors à publier lui-même ses sept premières satires avec le *Discours au Roi*. C'était un livre de 71 pages, qui parut avec ce simple titre : *Satires du sieur D****, Paris, Billaine, 1666. En tête se trouvait une préface fort curieuse, dont le tour cavalier et ironique n'est pas sans saveur : c'est une des meilleures pages de prose qui soient sorties de la plume de Boileau, et je ne sais pas pourquoi les éditions classiques ne la mentionnent presque jamais. Après quelques précautions oratoires où l'auteur se défend très peu naïvement d'avoir voulu attaquer des personnes qu'il honore, et en particulier d'avoir désigné sous le nom de *l'heureux Scutari* un des plus fameux poètes de son siècle (Scudéry), il s'adresse par la voix du libraire à tous ceux dont il a blessé l'amour-propre et les persifle agréablement en ces termes :

« Il (l'auteur) les prie de considérer que le Parnasse fut de tout temps un pays de liberté ; que le plus habile y est tous les jours exposé à la censure du plus ignorant ; que le sentiment d'un seul homme ne fait point de loi ; et qu'au pis aller, s'ils se persuadent qu'il ait fait du tort à leurs ouvrages, ils s'en peuvent venger sur les siens dont il leur abandonne jusqu'aux points et aux virgules. Que si cela ne les satisfait pas encore, il leur conseille d'avoir recours à cette bienheureuse tranquillité des grands hommes, comme eux, qui ne manquent jamais de se consoler d'une semblable disgrâce par quelque exemple fameux, pris des plus célèbres auteurs de l'antiquité... J'ai charge encore d'avertir ceux qui voudront faire des satires contre les satires de ne se point cacher. Je leur réponds que l'auteur ne les citera point devant d'autre tribunal que celui des Muses ; parce que si ce sont des injures grossières, les beurrières lui en feront raison ; et si c'est une raillerie délicate, il n'est pas assez ignorant dans les lois pour ne pas savoir qu'il doit porter la peine du talion. Qu'ils écrivent donc librement : comme ils contribueront sans doute à rendre l'auteur plus illustre, ils feront le profit du libraire ; et cela me regarde. Quelque intérêt pourtant que j'y trouve, je leur conseille d'attendre quelque temps et de laisser mûrir leur mauvaise humeur. On ne fait rien qui vaille dans la colère... »

Le succès du petit livre fut considérable : une seconde édition suivit en 1667; la troisième, en 1668, comprenait en outre le *Discours sur la Satire* et cette admirable IXe satire : *A mon esprit,* où le poète, en pleine possession de son autorité et de son talent, revendiquait hautement les droits de la satire et attachait au nom des Cotin et des Chapelain un ridicule ineffaçable.

Si les *Satires* avaient valu à leur auteur un flot d'injures, elles lui avaient du moins procuré de précieuses amitiés. La conformité des goûts et les secrètes affinités du génie avaient rapproché Boileau de Molière, de Racine et de La Fontaine : dès les premiers mots ils s'entendirent, la sympathie des cœurs fit le reste, et ils offrirent à la postérité ce spectacle inoubliable des quatre plus grands poètes du temps, mettant en commun leur travail et aussi leurs plaisirs, et préludant à la gloire du nouveau règne par l'accord fraternel de leurs génies. La Fontaine, au début de *Psyché*, nous a laissé un témoignage fameux de cette amitié; il donne à chacun des quatre amis un pseudonyme sous lequel il est facilement reconnaissable : Molière est *Gélaste*, c'est-à-dire le rieur, Boileau est *Ariste*, c'est-à-dire le meilleur par la sagesse et par la raison, l'impeccable conseiller; Racine devient *Acanthe*, du nom d'une plante élégante, souple, mais non pas sans épines, comme on l'a fait spirituellement remarquer ; enfin La Fontaine, qui se connaissait bien, se désigne sous le nom de *Polyphile*, c'est-à-dire l'homme « ondoyant et divers », l'ami de beaucoup de choses et de beaucoup de livres. Puis il nous fait une peinture de ces réunions à la fois sérieuses et enjouées, qui ont assurément exercé une grande influence sur les destinées de la poésie française.

« Quatre amis dont la connaissance avait commencé par le Parnasse, lièrent une espèce de société que j'appellerais académie, si leur nombre eût été plus grand, et qu'ils eussent autant regardé les Muses que le plaisir. La première chose qu'ils firent, ce fut de bannir d'entre eux les conversations réglées, et tout ce qui sent la conférence académique. Quand ils se trouvaient ensemble et qu'ils avaient bien parlé de leurs divertissements, si le hasard les faisait tomber sur quelque point de sciences ou de belles-lettres, ils profitaient de l'occasion ; c'était toutefois sans s'arrêter trop longtemps à une même matière, voltigeant de propos en autre, comme des abeilles qui rencontreraient en leur chemin diverses sortes de fleurs. L'envie, la malignité, ni la cabale n'avaient de voix parmi eux. Ils adoraient les ouvrages des anciens, ne refusaient point à ceux des modernes les louanges qui leur sont dues, parlaient des leurs avec modestie et se donnaient des avis sincères, lorsque quelqu'un d'entre eux tombait dans la maladie du siècle et faisait un livre, ce qui arrivait rarement. »

C'est dans ces entretiens célèbres que se constituait la doctrine classique, et que s'élaborait obscurément *l'Art poétique*, « cette déclaration de foi littéraire d'un grand siècle », pour employer l'expression de Nisard.

Boileau avait quitté à ce moment-là le logis qu'il occupait chez son frère Jérôme, et il s'était installé dans un petit appartement de la rue du Colombier, à l'entrée du faubourg Saint-Germain : c'est là qu'il recevait trois fois par semaine ses amis : chacun apportait son écot pour le repas et ses vers pour la lecture. Telle satire ou telle fable, telle scène de comédie ou de tragédie qui nous est parvenue sous sa forme définitive, avait fait d'abord les frais de l'un de ces pique-niques poétiques, et avait subi les critiques et les retouches de ce petit aréopage. Nous ne saurons jamais au juste la part qui revenait à chacun dans cette libre et féconde collaboration : ce qu'il y a de sûr, c'est qu'ils en profitèrent tous également, et que Boileau fut l'âme de ces petites réunions, celui qui dirigeait la conscience littéraire de ses amis. Grâce à lui, Racine apprit à faire difficilement des vers faciles, Molière s'éloigna davantage de la comédie italienne et rêva à ce Misanthrope dont il avait parfois sous les yeux le vivant portrait, La Fontaine mit plus de sagesse dans ses vers et dans sa conduite. Il ne faudrait pas croire cependant que la gaieté fût bannie de ces entretiens, et que le temps se passât toujours à disserter et à donner des lois au Parnasse. L'épicurien Chapelle venait souvent égayer ces repas de sa robuste bonne humeur, Lulli y paraissait aussi dans les premiers temps, et la joie n'y perdait jamais ses droits. Louis Racine nous raconte qu'au dessert Boileau faisait apporter et installait sur la table un volumineux exemplaire de la *Pucelle* de Chapelain ; et si l'un des convives se permettait une faute contre le goût et le bon sens, « il était condamné à lire vingt vers du froid, sec, dur et rude auteur. L'arrêt qui forçait à lire la page entière était assimilé à un arrêt de mort. » Le malheureux Chapelain était la cible ordinaire de toutes ces plaisanteries. Un jour, Racine ne n'avisa-t-il pas, pour mystifier le pauvre homme, de conduire chez lui l'auteur des *Satires*, qu'il lui présenta comme s'il était le bailli de Chevreuse ? Chapelain s'étant mis à exalter les comédies italiennes aux dépens de celles de Molière, Boileau n'y tint plus, et allait éclater, quand Racine se hâta de l'emmener : en sortant ils rencontrèrent l'abbé Cotin sur l'escalier, mais il ne reconnut pas le bailli. Une autre fois, comme les deux amis se trouvaient au cabaret avec Furetière et Linière, ils imaginèrent cette amusante parodie de quelques scènes du *Cid*, où la perruque de Chapelain était si plaisamment célébrée. C'était l'époque d'ailleurs où Racine, comme il s'en est accusé depuis, « faisait le loup avec La Fontaine et les autres loups ses compères, le temps où le cabaret le voyait plus d'une fois par jour ». Sans doute Boileau ne dut pas être dans ces escapades de jeunesse le boute-en-train, le meneur de la bande, le plus loup des quatre ; mais je ne crois pas qu'il se fît trop prier pour hurler avec les autres. Nous savons par plusieurs lettres de Mme de Sévigné qu'il accompagnait Racine dans des compagnies où l'on faisait beaucoup de « diableries ». Rendons hommage, comme il est juste, à la grande pureté de ses mœurs et à l'accent naïvement vertueux de sa poésie ;

mais n'en faisons pas dès sa jeunesse un moraliste fâcheux ni morose. Il ne fut un Alceste qu'en matière de poésie ; dans la vie de chaque jour, il se contenta d'être tout simplement, et dans tous les sens du mot, un honnête homme.

Cependant ces réunions intimes ne devaient pas toujours durer ; à la fin de 1665, Molière se brouille avec Racine au sujet d'*Alexandre* et se consacre désormais tout entier à ses devoirs de directeur, d'acteur et d'auteur ; La Fontaine, qui ne se fixait jamais longtemps, reprend le cours de ses rêveries et de ses vagabondages. Seul Racine demeura toute sa vie fidèle à cette affection qui devait le consoler plus tard de bien des tristesses.

Ces illustres amitiés n'étaient pas le seul appui de Boileau dans sa lutte contre les mauvais poètes : il avait su se créer des protections qui, pour n'être pas toutes aussi éclairées, n'en étaient pas moins efficaces. Dès 1665 nous le trouvons à l'hôtel de Nevers dans le salon de Mme du Plessis-Guénégaud, en compagnie de Mme et de Mlle de Sévigné, de Mme de La Fayette, de Mme de Feuquières, du duc de La Rochefoucauld et du ministre Pomponne, qui venait d'être rappelé d'exil : ce soir-là, Racine y récitait trois actes et demi de son *Alexandre*, Boileau y lut quelques-unes de ses satires. Un autre jour, c'est devant la princesse de Conti et la duchesse de Longueville qu'il récite son *Dialogue des Héros de Roman*; M. de Brancas l'invite chez lui pour lui faire donner la primeur de la IVe satire à Mme Scarron et à Mme de la Sablière ; il rentre en grâce auprès de M. de Montausier, que ses railleries contre Chapelain avaient irrité ; il s'honore de compter parmi ses amis le marquis de Termes, Pontchartrain, Chamlai, le duc de Vivonne, à qui il écrira pour le distraire au temps de la guerre de Hollande ; les Lamoignon, qui le reçoivent dans leur intimité, Dangeau, Seignelay, Guilleragues, dont les noms rappellent quelques-unes des satires ou des épîtres ; Colbert lui-même, à qui sa vue, paraît-il, inspirait l'allégresse ; enfin le grand Condé en personne, qui estimait sa rude franchise, et qui sut prendre sa défense dans une circonstance mémorable.

L'année 1669 fut signalée dans la vie de Boileau par un grand événement qui ferme la période de ses débuts et de ses luttes les plus ardentes. Le roi, qui ne le connaissait pas encore, désira le voir et se le fit présenter à la cour par le duc de Vivonne. Boileau venait alors de composer l'Epître Ire, où, sous le couvert de beaucoup d'hyperboles, il donnait au monarque le salutaire conseil de préférer à la guerre les bienfaits de la paix. Le roi lui ayant demandé quel était l'endroit de ses poésies qu'il jugeait le plus beau, Boileau répondit en récitant la fin de cette épître, où se trouve l'éloge sincère mais un peu emphatique de toutes les grandes choses accomplies depuis le nouveau règne, et notamment ce vers célèbre :

Un Auguste aisément peut faire des Virgiles.

Louis XIV, agréablement ému, s'écria alors : « Voilà qui est très beau ! cela est admirable ! Je vous louerais davantage si vous ne m'aviez tant loué. Le public donne à vos ouvrages les éloges qu'ils méritent ; mais ce n'est pas assez pour moi de vous louer, je vous donne une pension de 2,000 livres ; j'ordonnerai à Colbert de vous la payer d'avance, et je vous accorde le privilège pour l'impression de vos ouvrages. » Cette pension accordée du vivant même de Chapelain à l'auteur des *Satires* n'est pas un incident sans valeur ; on peut dire qu'à partir de ce moment il y eut quelque chose de changé dans la poésie en France ; les luttes de Boileau ne sont pas terminées, mais la victoire est déjà décidée ; il ne lui restait plus qu'à en recueillir les fruits. Le « petit Colin » avait bien fait son chemin depuis le jour où il montrait timidement à Furetière sa première satire ; du rôle d'opposant, il allait passer à celui de maître et de législateur.

Cette troisième période de la vie de Boileau marque l'apogée de sa carrière et le triomphe de la doctrine classique. Elle va de 1669, date à laquelle Boileau est présenté à Louis XIV, jusqu'en 1685 environ, époque où toutes les gloires du règne, dans les lettres comme dans la politique, commencent à décroître.

Boileau n'est plus alors le satirique audacieux qui s'attaque aux célébrités à la mode ; il lutte encore, mais en même temps il bâtit sur ces ruines qu'il a accumulées le nouvel édifice de la poésie. Il est en pleine possession de son talent ; il n'a pas encore perdu le feu des premières années, et il a déjà cette maîtrise de bon sens et d'admirable raison qui est la marque originale de son esprit. C'est le moment où son génie, d'ordinaire un peu lent, se manifeste avec une fécondité et un éclat inaccoutumés : en huit ans, de 1669 à 1677, il donne quatre œuvres capitales, c'est-à-dire plus qu'il n'en donnera pendant tout le reste de sa longue carrière. Ce sont d'abord quatre épîtres, parmi lesquelles ce trop fameux *Passage du*

Rhin. Bientôt après, en 1674, est achevé le grand poème auquel il travaillait depuis quatre ans et qui demeure son chef-d'œuvre, quelque discrédit que le temps ait jeté sur certaines de ses théories, cet *Art poétique* où se trouve gravée en des vers inoubliables la pure doctrine de l'école classique. Cette même année voit naître aussi les quatre premiers chants du *Lutrin*, où se montre « la veine, l'esprit de Boileau dans tout son honnête loisir, dans sa sérénité et son plus libre jeu » (Sainte-Beuve), et la traduction du *Traité du sublime*, de Longin, autour de laquelle Boileau livrera plus tard le bon combat contre les partisans des modernes. Le mince livret publié en 1666, et plusieurs fois réimprimé, devient alors un vrai volume, que Boileau édite sous le titre de : *OEuvres diverses du sieur D***, avec le Traité du sublime ou du merveilleux dans le discours, traduit du grec de Longin*, in-4°, Paris, Thierry, 1674. En tête se trouve une préface très courte, assez dédaigneuse, mais d'un ton moins agressif que celle de 1666. Viennent ensuite les belles épîtres à M. de Guilleragues, au marquis de Seignelay, à M. de Lamoignon, enfin cette admirable *Epître à Racine*, qui « met le comble à la gloire et à l'influence de Boileau. » Ennemi des Pradon, ami des grands poètes comme Racine, il nous apparaît dans son rôle de justicier équitable et serein, dominant tout son siècle, et parlant par avance le langage de la postérité.

Cette même année (1677), il obtint une faveur qui lui fut très sensible : il fut nommé, en compagnie de Racine, historiographe du roi. Ce fut un grand malheur pour tous deux et surtout pour la poésie, qui dès lors n'eut plus à espérer une nouvelle *Phèdre*, ni une nouvelle *Epître VII;* la carrière poétique des deux amis se trouvait close, ou peu s'en faut, avant l'heure. M. Aubertin a très bien montré comment ce choix bien intentionné mais singulièrement malencontreux fut la vraie cause qui détacha Racine du théâtre, et qui frappa de stérilité le talent de Boileau pendant une douzaine d'années. Chose curieuse : Boileau ne parut pas souffrir le moins du monde de cette inaction. Cet intrépide adversaire des mauvais poètes, qui se disait incapable, à la lecture d'un sot livre, de retenir sa verve moqueuse :

> Ma bile alors s'échauffe, et je brûle d'écrire,
> Et s'il ne m'est permis de le dire au papier,
> J'irai creuser la terre et, comme ce barbier,
> Faire dire aux roseaux par un nouvel organe :
> Midas, le roi Midas, a des oreilles d'âne...

cet enragé satirique dont les vers coulaient « comme un torrent » à la seule pensée de Pradon ou de Pelletier, déclare dans la préface de l'édition de 1683, qu'il a cessé d'être poète : « J'ai joint à cette édition cinq épîtres nouvelles, que j'avais composées longtemps avant que d'être engagé dans le glorieux emploi qui m'a tiré du métier de la poésie. » Il appelle la poésie un *métier*, et la charge d'historiographe un *glorieux emploi !* Voilà qui est fait pour nous confondre aujourd'hui, mais qui semblait tout naturel dans un siècle monarchique. Boileau dut s'enorgueillir naïvement de quitter la compagnie équivoque des gens de lettres souvent faméliques et crottés, pour entrer dans le monde des courtisans et des grands seigneurs. Et puis, quel honneur d'être attaché à la personne du roi, de le suivre pendant la campagne de Flandre et celle d'Alsace ! Si encore ce renoncement à la poésie nous avait valu quelque bonne prose, nous aurions de quoi nous consoler, quoique nous soyons un peu portés à nous méfier de la prose militaire de Nicolas Boileau ; mais malgré tout le sérieux qu'apportaient les deux amis, à leurs illustres fonctions, ils ne nous ont rien laissé, et je ne crois pas que l'incendie de 1726, souvent invoqué, ait ravi à la postérité l'œuvre d'un Tite-Live ni d'un Tacite. Il vaut mieux en croire sur ce point le témoignage d'un commis du trésor qui disait : « On n'a encore rien vu de la main de ces deux messieurs en leur qualité d'historiographes, si ce n'est leurs noms au bas de leurs quittances. » Quelle facile revanche eût prise Chapelain, s'il eût assez vécu pour voir l'auteur de la *Satire IX* devenir à son tour « le mieux renté de tous les beaux esprits ! »

Les rapports du roi et du poète ne se bornèrent heureusement pas là. On sait quels liens d'estime réciproque, et même on peut dire d'affection vraie, quoiqu'il s'agisse d'un monarque et d'un sujet, réunirent ces deux hommes, si bien faits pour se comprendre et pour s'aimer. Il y eut à la cour de Louis XIV des faveurs plus subites et plus éclatantes ; mais celle de Boileau fut la plus solide de toutes ; elle a duré pendant près de quarante ans. Doit-on faire hommage de cette constance à la flatterie du courtisan ou à la franchise de l'ami ? Il n'a pas manqué de gens pour répéter après Voltaire que Boileau a été

Zoïle de Quinault et flatteur de Louis.

Laissons Quinault de côté : nous dirons plus loin quelle raison eut Boileau de s'en prendre à ce très aimable et très frivole poète, qu'il ne jalousa du reste jamais, et auquel même il sut plus tard rendre une entière justice. Quant à avoir flatté Louis, il est bien difficile de nier que Boileau l'ait fait plus d'une fois; mais ce qu'il y a de plus grave à lui reprocher, c'est cette malheureuse réponse au roi qui lui demandait son âge: « Sire, je suis venu au monde une année avant Votre Majesté, pour annoncer les merveilles de son règne. » Mensonge puéril (Boileau était né en 1636 et non en 1637), qui fait penser aux flagorneries des courtisans, qui tous avaient soixante ans quand Louis XIV en avait soixante, et qui perdaient leurs dents quand celles de l'auguste monarque tombaient. Les éloges dont Boileau a comblé le roi dans les épîtres I, IV et VIII ne sont pas non plus aussi *délicats* que La Harpe se plaît à le proclamer; nous sourions aujourd'hui de ces hyperboles qui transforment le passage du Rhin, que Napoléon jugeait être une opération militaire de quatrième ordre, en un « exploit incroyable », et de la *gasconnade* un peu forte qui termine l'épître:

Je t'attends dans deux ans aux bords de l'Hellespont;

mais nous n'avons pas le courage d'en faire un crime à Boileau, quand nous comparons ce dithyrambe, fort bien versifié d'ailleurs, aux flatteries très basses et très viles auxquelles se réjouissait trop facilement l'oreille du roi, et dont il nous est resté de nombreux témoignages. Tandis que Boileau se contentait d'égaler le roi à Jupiter, ce qui est déjà bien joli, les Minimes de Provence n'hésitaient pas à l'égaler à Dieu même, et « d'une manière, dit Mme de Sévigné, qu'on voit clairement que Dieu n'est que la copie ». Quelques années plus tard, l'abbé Tallemant, en pleine Académie, prédisait à Louis XIV qu'il vivrait bien plus que Nestor, et presque autant que nos premiers pères. Cette fine allusion à Mathusalem passe de beaucoup, je pense, les élans les plus lyriques de notre poète. Boileau n'eut jamais rien d'un Tallemant, ni d'un La Feuillade. Ses ennemis lui reprochaient de ne pas assez louer le roi, et essayaient de lui nuire par là. En regard de ses médiocres hyperboles, nous trouvons maint témoignage de sa parfaite indépendance; il semble avoir fait sa cour d'une façon peu commune alors, en ne déguisant jamais rien de sa pensée au roi : sa franchise fut sa plus grande habileté, et nous lui pardonnerons volontiers de l'avoir souvent parée avec un peu trop de coquetterie pour la faire accepter du plus ombrageux des monarques. C'est ainsi que le roi lui ayant montré des vers de sa façon, il osa lui dire : « Sire, rien n'est impossible à Votre Majesté : elle a voulu faire de mauvais vers, elle y a réussi. » Il dit une autre fois de Louis XIV cette parole qui lui fut rapportée : « Le roi est expert à prendre des villes, et Madame la Dauphine est une princesse accomplie : mais je crois me connaître en vers un peu mieux qu'eux. » Dans les discussions littéraires, où les courtisans épousaient toujours avec chaleur l'avis du roi, Boileau persistait dans son sentiment, tenait tête à tous, au roi lui-même, et désarmait sa susceptibilité par un mot d'esprit; ou bien il s'oubliait à nommer Scarron et même à parler de ses *misérables* pièces devant Mme de Maintenon, malgré les signes désespérés que lui faisait Racine. Nous verrons avec quel courage il prit plus tard la défense des jansénistes persécutés. Tout cela n'est point assurément d'un vil flatteur; en tout cas, ce ne serait pas à Voltaire que nous reconnaîtrions le droit de formuler un pareil reproche.

Il est certain que Boileau a subi l'ascendant de Louis XIV et qu'il n'a pas résisté aux glorieuses avances qui lui étaient faites. Il a aimé son roi, non pas comme a fait Racine, d'une passion douloureuse et inquiète, mais avec la simplicité et la fermeté qu'il apportait en toutes choses; il l'a aimé moins pour sa grandeur que pour son bon sens, parce qu'il voyait en lui la raison couronnée. N'est-il pas naturel, dès lors, qu'il l'ait un peu trop loué, tout comme il célébrait avec excès la raison dans l'*Art poétique?* Il n'y a rien là que de parfaitement honorable. On peut même dire que Louis XIV nous apparaît grandi par cette estime de Boileau. Nous l'admirons bien moins aujourd'hui pour avoir passé le Rhin en 1672 (en bateau et non à cheval) que pour avoir protégé le fils du greffier Boileau et s'en être fait aimer. Sans aller avec M. Nisard jusqu'à faire du Grand Roi l'inspirateur de tous les chefs-d'œuvre de son siècle, il n'est que juste de saluer en lui l'ami éclairé de Boileau: c'est par là peut-être qu'il a le plus influé sur la poésie de son temps: c'est l'harmonie entre le bon sens du roi et le bon sens du poète qui a assuré le succès de la doctrine classique.

Mais revenons au moment où Boileau venait d'être nommé historiographe: les événements poétiques deviennent rares dans sa carrière à partir de cette époque: pendant quinze ans il ne composera que les deux derniers chants du *Lutrin*, et quelques épigrammes. Il est pourtant au comble de sa réputation et au sommet des honneurs: la volonté du roi lui ouvre en 1684 les portes de l'Académie française, que les rancunes des mauvais poètes tenaient obstinément fermées devant lui. Les incidents de cette élection sont bien connus : La Fontaine, élu d'abord contre Boileau, ne fut pas admis, tant que l'auteur des *Satires* ne fut pas pourvu d'un autre siège. L'Académie s'étant décidée à le nommer en remplacement de M. de Bezons, le roi manifesta sa satisfaction, et leva son veto : « Le choix qu'on a fait de Despréaux m'est très agréable et sera généralement approuvé. Vous pouvez recevoir incessamment La Fontaine : il a promis d'être sage... » Le remerciement que prononça Boileau n'a rien qui le distingue des autres morceaux d'éloquence de ce genre, sinon peut-être cette maligne allusion aux *Satires*, lorsqu'il dit que « tant de sortes de raisons semblaient devoir pour jamais l'exclure de l'Académie »; c'était rappeler le souvenir de bien des blessures, dont quelques-unes n'étaient pas encore fermées : l'Académie s'en vengea spirituellement pour une fois : Boileau eut le chagrin d'entendre lire, à la séance même où il fut reçu, deux psaumes de Benserade, et plusieurs sonnets de Le Clerc et de Boyer !

Cependant la maladie et les infirmités commençaient à venir pour lui, avant la vieillesse. L'asthme dont il souffrait depuis son enfance s'étant compliqué d'une extinction de voix, il se décida à aller faire une saison en 1687 à Bourbon-l'Archambault : c'est à cette date que commence la correspondance avec Racine, qui nous a été transmise. A vrai dire, elle n'est pas très intéressante ; Boileau ne nous a pas laissé une peinture bien vivante de cette ville d'eaux dont Scarron avait fait un si joli tableau dans ses deux *Légendes de Bourbon* ; il ne rappelle pas non plus la grâce pimpante avec laquelle madame de Sévigné, dix ans auparavant, avait décrit le bain et la douche de Vichy et célébré la bourrée d'Auvergne. Il n'y est question que de médecins et d'apothicaires, et de cette malheureuse difficulté de parler qui ne s'atténuait pas. Un seul détail curieux est à retenir : c'est l'histoire de la réconciliation de Boileau et de Boursault ; elle fait le plus grand honneur à tous deux.

« M. Boursault, que je croyais mort, me vint voir il y a cinq ou six jours, et m'apparut le soir assez subitement. Il me dit qu'il s'était détourné de trois grandes lieues du chemin de Montluçon, où il allait et où il est habitué, pour avoir le bonheur de me saluer. Il me fit offre de toutes choses, d'argent, de commodités, de chevaux. Je lui répondis avec les mêmes honnêtetés et voulus le retenir pour le lendemain à dîner : mais il me dit qu'il était obligé de s'en aller dès le grand matin. Ainsi, nous nous séparâmes amis à outrance. »

Boileau revint non guéri, et assez mélancolique. Il continua, pendant les années qui suivirent, à correspondre avec Racine, qui en sa qualité d'historiographe suivait le roi dans ses campagnes. Ces lettres sont la fidèle expression des sentiments d'affection qui unissaient les deux grands hommes, lettres vraiment intimes, sans recherche, nous pourrions presque dire sans autre agrément que leur parfait naturel... Madame de Sévigné se mettait tout entière dans ses lettres : elle ne faisait pas de provision pour d'autres ouvrages. Boileau et Racine avaient placé ailleurs leur génie : ce n'est point dans cette correspondance qu'il faut aller le chercher.

A cette époque, Boileau avait perdu son frère Jérôme, et il était allé d'abord demeurer chez M. Dongois, son « illustre neveu », greffier en chef du Parlement ; l'été il le suivait dans sa campagne d'Hautile dont il nous a laissé un joli croquis au début de l'*Epître à Lamoignon* ; il y chassait, il y pêchait, il s'y reposait surtout avec délices. Mais les séjours à la ville dans la maison turbulente du greffier, au milieu « des criailleries des enfants et des nourrices », et aussi des obséquiosités intéressées de « neveux affamés », lui était fort pénible ; il songea, un peu tard, à revendiquer son indépendance. Il se réfugia quelque temps au cloître Notre-Dame, chez un vieil ami de sa famille, l'abbé Emery Dreux, et le 10 août 1685, il acheta, moyennant huit mille livres, une maison à Auteuil.

Les vingt années qu'il y passa furent, du moins jusqu'à la mort de Racine, les plus douces et les plus heureuses de sa vie. Le séjour à Versailles ou au Louvre ne lui allait guère, quoiqu'il y eût paru quelquefois ; son extinction de voix et une surdité croissante achevèrent de l'en détourner tout à fait : la cour est un pays où l'on n'a pas le droit d'être sourd, ni muet. Il passa désormais la plus grande partie de son temps dans ce joli village d'Auteuil, qui avait, quelques années auparavant, abrité Molière et où La Fontaine aimait aussi à aller rêver.

Le chanoine Legendre nous a donné quelques détails sur l'installation de Boileau. On y voyait beaucoup de livres pêle-mêle, et beaucoup de tableaux : Timon, Ménippe, Lucilius, Horace, Perse, Juvénal, Régnier y étaient représentés en d'assez bonnes toiles appendues à une vieille tapisserie de Bretagne. Au-dessus de la cheminée était un fort beau tableau de la reine Christine de Suède, que Boileau avait pu connaître jadis lors de ses voyages à Paris et qu'il honorait fort comme « la femme la plus médisante de son siècle ». Le ménage, au reste, était assez mal tenu ; « l'appartement du poète était d'un négligé cynique. » On sentait un peu trop qu'il y manquait une maîtresse de maison. Boileau menait d'ailleurs le train d'un riche bourgeois ; il avait un carrosse, un cocher, un laquais, une gouvernante, un jardinier. Il recevait beaucoup : c'étaient chez lui de continuelles allées et venues, encouragées par une hospitalité très franche. Racine, d'un caractère plus dédaigneux, ne comprenait pas le plaisir qu'éprouvait son ami à accueillir tant de monde : « Il est heureux comme un roi dans sa solitude, ou plutôt dans son hôtellerie d'Auteuil. Pour moi, j'aurais vendu cent fois la maison. »

Pour Boileau, le plus grand charme de cette vie n'était pas là : il était dans la vue et dans l'entretien de ce jardin dont l'*Epître XI* a immortalisé le souvenir. « Le jardin, dit l'abbé Legendre, sans être peigné, ne laissait pas d'être agréable, la vue en est charmante. » C'est dans ces allées ombragées que le poète cherchait, tout en se promenant et en gesticulant, les inspirations de ses poésies, au grand ébahissement d'Antoine Riquié, son jardinier. Il aimait aussi à soigner ses espaliers, à diriger la greffe et l'émondage suivant « l'art de la Quintinie », à récolter de ses mains les pêches et les abricots dont il était si fier. Il s'y plaisait divinement, et lui qui n'avait peut-être jamais songé à admirer les bois de Saint-Cloud ou de Marly, il écrivait avec enthousiasme à M. de Lamoignon : « Je serais bien aise que vous vissiez mon jardin dans tout son éclat, c'est-à-dire avec un soleil de mai ou de juin. » C'est un coin riant et frais dans la vie un peu sévère de Boileau.

Cependant, malgré les joies paisibles qu'il goûtait dans sa solitude d'Auteuil, la dernière partie de sa carrière ne s'écoulait pas sans être troublée par quelques nuages. Dès 1687, son esprit prend une tournure un peu chagrine ; c'est l'époque où en pleine Académie éclate la querelle des anciens et des modernes. L'auteur de l'*Art poétique* devait être particulièrement irrité de voir ébranler si vite les bases de la doctrine classique : fallait-il donc recommencer la lutte, comme au temps de Chapelain et de Cotin ? Boileau n'hésita pas : déjà vieil athlète, il redescendit dans l'arène ; mais s'il rappela l'énergie des premières années, il n'en retrouva pas tout l'esprit ni toute la bonne grâce : dans ce duel avec Perrault, qui dura dix années, il triompha sans doute, mais il ne garda pas toujours l'avantage du sang-froid et de la courtoisie, comme en témoignent les *Réflexions sur Longin* et mainte épigramme. L'*Ode sur la prise de Namur* lui rapporta moins de gloire que de railleries : la *Satire X*, qui est pourtant une de ses œuvres les mieux venues, ne servit qu'à lui aliéner les suffrages des femmes dans le temps même où Perrault, plus politique, cherchait à se les concilier ; elle attira même à son auteur une riposte fort irrévérente de Regnard. Heureusement Boileau trouvait un précieux auxiliaire dans la personne du grand Arnauld, qui, réfugié à Bruxelles, intervint en sa faveur, et décida la victoire des anciens.

Ce n'est pas de ce moment que datent les sympathies jansénistes de Boileau : on peut dire qu'il les manifesta dès le commencement de sa carrière : une de ses premières victimes, qui fut en même temps un de ses contradicteurs les plus acharnés, ne fut-elle pas Desmarets de Saint-Sorlin, l'auteur des *Visionnaires*, l'ennemi de Port-Royal ? En 1668, le satirique avait connu Arnauld chez le président de

Lamoignon : du premier jour le grand chrétien et le grand homme de lettres s'étaient compris et aimés ; ils s'étaient reconnus de même race ; la foi robuste et indépendante de l'un s'accommodait facilement du bon sens agressif de l'autre. L'épître sur *la Mauvaise Honte* les rapprocha encore davantage. Mais bientôt la persécution allait les séparer. On trouverait dans les œuvres de Boileau plus d'un témoignage de cette prédilection qu'il éprouva toujours pour les hommes de Port-Royal : il ne se contenta pas de les aimer, il combattit pour eux : certaine épigramme un peu leste sur Bourdaloue et sur Escobar en fait foi, ainsi que telle autre, peu connue, sur le P. Rapin. Quand Racine se fut converti, après la cabale de *Phèdre*, Boileau se trouva rengagé plus que jamais dans le parti janséniste à la suite de son ami. Avec sa libre franchise, il ne laissait échapper aucune occasion de manifester ses sentiments : il le fit à la cour, en disant du grand Arnauld fugitif, que le roi serait trop heureux pour découvrir sa retraite : il le fit aussi un jour qu'il dînait chez M. de Lamoignon avec M. de Troyes, M. de Toulon, Corbinelli, le P. Bourdaloue, et un autre jésuite. Mais laissons la parole à Mme de Sévigné, qui a si joliment narré l'historiette :

« On parla des ouvrages des anciens et des modernes : Despréaux soutint les anciens, à la réserve d'un seul moderne qui surpassait à son goût et les vieux et les nouveaux Le compagnon de Bourdaloue, qui faisait l'entendu et qui s'était attaché à Despréaux et à Corbinelli, lui demanda quel était donc ce livre si distingué dans son esprit. Despréaux ne voulut pas le nommer. Corbinelli lui dit : « Monsieur, je vous « conjure de me le dire, afin que je le lise toute la nuit. » Despréaux lui répondit en riant : « Ah ! Monsieur, vous l'avez « lu plus d'une fois, j'en suis assuré. » Le jésuite reprend avec un air dédaigneux, *un cotal riso amaro*, et presse Despréaux de nommer cet auteur si merveilleux. Despréaux lui dit : « Mon Père, ne me pressez point. » Le Père continue. Enfin Despréaux le prend par le bras, et, le serrant bien fort, lui dit : « Mon Père, vous le voulez ? Eh bien, « morbleu, c'est Pascal ! — Pascal ! dit le Père, tout rouge, « tout étonné ; Pascal est beau autant que le faux peut l'être ! « — Le faux ! reprit Despréaux, le faux ! Sachez qu'il est « aussi vrai qu'il est inimitable ; on vient de le traduire en « trois langues. » Le Père répond : « Il n'est pas plus vrai. » Despréaux s'échauffe, et criant comme un fou : « Quoi, mon « Père, direz-vous qu'un des vôtres n'ait pas fait imprimer « dans un de ses livres qu'un chrétien n'est pas obligé d'ai- « mer Dieu ? Osez-vous dire que cela est faux ? — Monsieur, « dit le Père en fureur, il faut distinguer. — Distinguer ! dit « Despréaux, distinguer ! morbleu ! distinguer ! Distinguer « si nous sommes obligés d'aimer Dieu ! » Et prenant Corbinelli par le bras, il s'enfuit au bout de la chambre, puis revenant et courant comme un forcené, il ne voulut jamais se rapprocher du Père, et il s'en alla rejoindre la compagnie qui était demeurée dans la salle où l'on mange. Ici finit l'histoire, le rideau tombe. »

Boileau est tout entier dans cette fougue généreuse et dans cette passion naïve pour la vérité. Cette question de l'amour de Dieu lui tenait si fort au cœur, qu'un autre jour, encore chez M. de Lamoignon, il se laissa entraîner à une nouvelle sortie contre un malheureux casuiste, et que peu après il en fit le sujet de la XIIe épître, à *l'Abbé Renaudot*. Cela fut le signal d'une guerre d'épigrammes avec « les journalistes de Trévoux », et si l'intervention d'amis communs n'avait apaisé le débat, Boileau était décidé à prendre la plume de Pascal, et à composer de nouvelles *Provinciales*. Entre temps il avait consacré à la mémoire d'Arnauld, qui venait de mourir à Bruxelles, une belle épitaphe, dont voici la fin :

> Mais, pour fruit de son zèle, on l'a vu rebuté,
> En cent lieux opprimé par leur noire cabale,
> Errant, pauvre, banni, proscrit, persécuté ;
> Et même par sa mort leur fureur mal éteinte
> N'aurait jamais laissé ses cendres en repos,
> Si Dieu lui-même ici de son ouaille sainte
> A ces loups dévorants n'avait caché les os.

Sa dernière œuvre poétique fut encore une œuvre de combat : en 1705, âgé de près de soixante-dix ans, il revenait à la charge contre les casuistes, et dirigeait contre eux la satire sur *l'Equivoque*, médiocre poème, il est vrai, mais qui souleva bien des haines, et valut à son auteur bien des ennuis. On touchait au moment où les jésuites tout-puissants devaient prendre contre Port-Royal une odieuse revanche, où le monastère allait être rasé, et les morts arrachés de leurs tombes. Louis XIV, circonvenu, interdit l'impression de la satire, et ordonna à Boileau de lui en remettre l'original. Ce jour-là, le poète dut faire un mélancolique retour sur le temps des premières *Epîtres* et de *l'Art poétique*, et se reprocher d'avoir vécu si longtemps.

Six ans auparavant, Racine, à son lit de mort, avait dit à son ami : « Je regarde comme un bonheur de mourir avant vous. » Parole touchante, dont le satirique put vérifier plus d'une fois la triste vérité. Les dernières années de Boileau s'écoulèrent dans la solitude et dans la tristesse. Presque seul avec le vieux roi, il survivait au grand siècle dont il avait célébré la gloire, et à tous ces illustres écrivains dont il avait mené le chœur : il assistait, comme il disait, « aux funérailles des lettres et de la fortune publique. » Ses infirmités s'étaient accrues avec l'âge : il écrivait en 1709, plus de deux ans avant sa mort : « Je suis malade et vraiment malade. La vieillesse m'accable de tous côtés. L'ouïe me manque, ma vue s'éteint, je n'ai plus de jambes, et je ne saurais plus monter ni descendre qu'appuyé sur les bras d'autrui. Enfin je ne suis plus rien de ce que j'étais, et, pour comble de misère, il me reste un malheureux souvenir de ce que j'ai été. » A défaut de ses anciens amis qui avaient tous disparu, il s'attachait à l'abbé de Châteauneuf et surtout à M. Le Verrier, dont il est souvent question dans ses lettres. Ce financier obséquieux, qui faisait profession d'admirer beaucoup Boileau, le décida, après de vives instances, à lui céder sa maison d'Auteuil, l'assurant qu'elle restait toujours à la disposition de son vieux maître: quand Boileau voulut la revoir, quelle ne fut pas sa douleur de constater que tout avait été transformé et bouleversé, et que le berceau de feuillage où il avait tant de fois rêvé avait été abattu! Dans sa liaison avec Brossette, il trouva plus de ressources : ce fut vraiment la seule consolation de sa vieillesse. Ce jeune avocat de Lyon, épris naïvement des poésies de Boileau, avait sollicité l'honneur d'en connaître l'auteur et d'entrer en correspondance avec lui. Pendant douze ans il y eut un échange régulier de lettres entre le disciple et le vieux maître, dont le cœur était un peu réchauffé par ces témoignages d'admiration juvénile. Brossette consacra ces douze années à commenter les œuvres de Boileau, à se renseigner auprès de lui sur les principales particularités de sa vie, à lui envoyer des protestations de tendresse, et aussi des jambons et des fromages. On peut sourire de cet enthousiasme un peu provincial ; mais il faut savoir gré pourtant au naïf Brossette de ce qu'il a fait pour Boileau, et aussi de ce qu'il a fait pour nous.

C'est le 13 mars 1711 que Boileau mourut au cloître Notre-Dame, où il était revenu demeurer. Il avait préparé une édition complète de ses œuvres, que l'interdiction de la satire *sur l'Équivoque* l'avait empêché de donner de son vivant. Louis Racine raconte sur sa mort diverses anecdotes qui prouvent que, tout en manifestant les sentiments d'une vive piété, il conserva jusqu'au bout le caractère d'un poète. Son ami Le Verrier ayant cru lui faire plaisir en lui lisant le premier acte d'une tragédie nouvelle, le moribond l'interrompit en disant : « Eh ! mon ami, ne mourrai-je pas assez promptement ? Les Pradons, dont nous nous sommes moqués dans notre jeunesse, étaient des soleils auprès de ceux-ci ! » Sa dernière parole devait être encore un trait de satire ! Il fut inhumé « sans pompe et sans faste », comme il l'avait demandé, dans la Sainte-Chapelle, au-dessous de ce lutrin qu'il avait si gaiement chanté.

On raconte qu'une femme du peuple, voyant passer le nombreux cortège qui accompagnait les restes de Boileau, s'écria : « Il avait donc bien des amis ! on assure pourtant qu'il disait du mal de tout le monde. » Cette femme, sans le savoir, faisait du vieux satirique la meilleure oraison funèbre. En effet, tous ceux qui l'ont connu s'accordent à louer en lui cette droiture du cœur qui s'alliait à celle de l'esprit. Cet homme, aux dehors brusques et sévères, était foncièrement bon, comme sont presque toujours les forts. Mme de Sévigné, qui le grondait de sa dureté pour Chapelain, disait de lui : « Il est cruel en vers et tendre en prose. » Saint-Simon, qui a aimé bien peu de ceux qui ont approché du grand roi, a fait de Boileau cet éloge singulier : « Il excellait dans la satire, quoique ce fût un des meilleurs hommes du monde. » Les traits de désintéressement et de générosité ne peuvent se compter dans la vie de Boileau. Il procura un libraire à La Fontaine, qui sans lui aurait végété dans l'oubli. « La vue d'un homme de lettres dans le besoin, dit son historien de Boze, lui faisait tant de peine, qu'il ne pouvait s'empêcher de prêter de l'argent, même à Linière, qui souvent allait du même pas, au premier endroit du voisinage, faire une chanson contre son créancier. » Il empêcha Cassandre de mourir à l'hôpital. Il sauva Patru, que traquaient les créanciers : il racheta ses livres et ses meubles déjà saisis, et il lui en laissa la jouissance jusqu'à sa mort. Enfin on sait ce qu'il fit pour Corneille mourant : il courut chez le roi, et obtint deux cents écus pour secourir le grand poète malheureux.

Ce satirique fut charitable : mérite rare dans un siècle où les âmes étaient bien plutôt éprises de grandeur que de bonté. Parmi les hommes de cette génération, il y en eut certainement de mieux doués, de plus séduisants, de plus spirituels même ; aucun ne fut meilleur que Boileau. La Fontaine l'avait bien nommé en l'appelant Ariste. Pour réussir dans ce préceptorat de la poésie, il ne suffisait pas d'avoir pour soi le bon sens et la raison : il fallait encore, pour imposer la règle, une autorité morale incontestée. Aussi peut-on dire que le caractère de Boileau est une bonne part de son génie.

DEUXIÈME PARTIE

LA SATIRE

I.

LES SATIRES MORALES.

L'histoire de la satire en France avant Boileau est trop longue pour qu'on tente de l'esquisser ici : elle a d'ailleurs été excellemment faite par M. Lenient dans deux livres bien connus. Cet esprit satirique, qui est un des signes distinctifs de notre race, et qui perce déjà dans les œuvres les plus naïves et les plus graves de notre vieille littérature, je veux dire dans les chansons de geste et dans les mystères, se retrouve partout durant le moyen âge, dans les fabliaux, dans les farces, dans les soties, dans les mille pièces légères et charmantes où se plaisait l'imagination maligne de nos pères ; mais ce n'est guère qu'à la fin du XVIe siècle, c'est-à-dire après l'avènement de la Pléiade, que la satire apparaît vraiment, et cherche à s'organiser comme les autres genres. Les *Discours* de Ronsard sont peut-être nos premières satires, auxquelles répondent bientôt les accents enflammés des *Tragiques*. Mais ces poèmes, si débordants d'éloquence et de poésie, dépassent beaucoup le cadre ordinaire de la satire; on y sent passer de grands frémissements lyriques, et on y reconnaît parfois l'allure héroïque et fière de l'épopée ; filles des guerres civiles, ces œuvres sont confuses et tourmentées comme elles. La *Ménippée* n'est pas non plus une simple satire, elle est surtout un acte ; la valeur littéraire de l'œuvre disparaît devant l'importance patriotique du résultat, qui prime tout et fait de la harangue de d'Aubray le programme de la monarchie nouvelle.

Vauquelin de la Fresnaye inaugure en France, par l'imitation d'Horace, la satire morale et littéraire ; mais il était réservé à Mathurin Regnier de fournir les premiers chefs-d'œuvre du genre.

Boileau n'a rien fait de plus vigoureux ni de plus mordant que *Macette* et la satire *à Rapin*. Mais le plus clair du mérite de ces pièces réside surtout dans le génie de l'auteur, son instinct, sa fougue, ses nonchalances naturelles ; cette forme achevée recèle un fonds assez médiocre et parfois contestable. Quelle morale y a-t-il à extraire des satires de Regnier ? N'est-ce pas le cas de répéter le jugement sévère qui en a été porté :

> Heureux si ses discours, craints du chaste lecteur,
> Ne se sentaient des lieux où fréquentait l'auteur.

On serait tout aussi empêché de dire quelle est la doctrine littéraire de Regnier. On sait par quel malentendu inconscient le neveu de Desportes avait entrepris la défense de Ronsard et déclaré la guerre à Malherbe: cette équivoque pèse sur toute la neuvième satire, et les plus beaux vers du monde ne suffisent pas à la dissiper. Il manque aux satires de Regnier la qualité qui distingue surtout celles de Boileau, l'autorité.

C'est par la satire morale que devait commencer Boileau : cette généreuse audace est bien celle d'un débutant qui se croit de taille à attaquer le vice « avec des bras d'Hercule ». Mais combien il était imprudent d'entreprendre une pareille tâche, sans avoir assez médité le précepte d'Horace, et consulté ses propres forces,

Quid ferre recusent,
Quid valeant humeri!

Oser redire après tant d'autres que l'homme est un sot animal, qu'il est vain, orgueilleux, envieux, avare, recommencer à broder ce thème éternel, semblait chose facile, et était pourtant une dure entreprise ; car il ne suffit pas d'avoir tous ces vices en horreur, ni de s'échauffer à les flétrir, il faut, s'il est possible, rajeunir cette vieille matière par une nouveauté d'expression bien originale ; il faut être un très grand poète qui frappe des vérités rebattues au coin de ses beaux vers ; et il n'était pas bien sûr que le jeune Boileau, tout frais émoulu du greffe paternel, eût ce génie en partage. Ou bien, pour échapper à la banalité du sujet, il faut dans une satire générale incarner les vices d'une époque, et tracer un tableau de toute une société. Juvénal a fait cela, et il a marqué au fer rouge ses contemporains. Mais le temps où vivait Boileau n'était pas un de ceux qui font honte à l'humanité, et qui arrachent des vers d'indignation aux poètes ; les vices n'y étaient ni tragiques ni démesurés : c'était plutôt une corruption élégante et frivole, peu profonde d'ailleurs, puisqu'elle ne devait pas empêcher l'épanouissement d'un grand siècle. Pour en faire la satire la plus cruelle, il n'était pas besoin de monter sur Pégase, il a suffi des *Maximes* acérées du duc de La Rochefoucauld. Dès lors, ces premières satires de Boileau, quelle que fût la sincérité de leur auteur, étaient condamnées à n'être guère que des amplifications de lieux communs et des imitations d'Horace et de Juvénal; il est aisé de s'en convaincre en les parcourant.

La satire Ire nous représente un homme de lettres, poète fameux, qui a longtemps charmé la cour et la ville,

> Mais qui, n'étant vêtu que de simple bureau,
> Passe l'été sans linge et l'hiver sans manteau.

Ce Damon, grand auteur incompris et endetté, au corps sec et à la mine affamée,

> Las de perdre en rimant et sa peine et son bien,
> D'emprunter en tous lieux et de ne gagner rien,
> Sans habits, sans argent, ne sachant plus que faire,
> Vient de s'enfuir chargé de sa seule misère.

Mais, avant de partir, il a distillé sa rage en de tristes adieux, et lancé une amère imprécation contre cette cité de Paris, si inclémente aux poètes. Tel Umbritius, dans une satire de Juvénal, s'éloigne en maudissant Rome corrompue et vendue aux Grecs. C'eût été le cas pour Damon de nous présenter un piquant tableau de la situation des gens de lettres alors : il y avait là le sujet d'une satire bien fine, dans le ton du *Poète courtisan* de du Bellay, ou bien encore de la charmante dédicace en prose de Scarron « *à Dame Guillemette, levrette de ma sœur* »; la vie d'un poète de cette époque, qu'il s'appelât Neufgermain ou qu'il s'appelât Corneille, était si différente de celle d'un poète d'aujourd'hui ! Boileau eût pu nous montrer toutes les grandes et les petites misères du métier, les dédicaces obligées, les suppliques, la domesticité auprès des grands, les pensions implorées, et les coups de bâton reçus : il en a seulement dit un mot dans un passage, qui est le meilleur endroit de la satire :

> Je ne sais point en lâche essuyer les outrages
> D'un faquin orgueilleux qui vous tient à ses gages,
> De mes sonnets flatteurs lasser tout l'univers
> Et vendre au plus offrant mon encens et mes vers :
> Pour un si bas emploi ma muse est trop altière ;
> Je suis rustique et fier, et j'ai l'âme grossière :
> Je ne puis rien nommer, si ce n'est par son nom :
> J'appelle un chat un chat, et Rolet un fripon.

Damon ne s'en tient pas là : il tonne aussi contre les financiers, contre les ducs et pairs, au risque d'offenser le roi qui les nommait, contre les évêques, contre les juges qui mettent l'innocence aux abois, enfin contre tous les abus de « ce siècle de fer » et de cette ville abhorrée.

> Quittons donc pour jamais une ville importune
> Où l'honneur a toujours guerre avec la fortune ;
> Où le vice orgueilleux s'érige en souverain,
> Et va la mitre en tête et la crosse à la main ;
> Où la science triste, affreuse, délaissée,
> Est partout des bons lieux comme infâme chassée ;
> Où le seul art en vogue est l'art de bien voler ;
> Où tout me choque ; enfin, où... je n'ose parler.

Cette apostrophe se termine par une invective

contre les libertins et par une affirmation assez inattendue de la spiritualité et de l'immortalité de l'âme.

Voilà de bien grands mots pour peu de chose. Pourquoi cette colère ? Parce que Damon ne peut pas payer ses dettes et fuit les sergents de la police. Il y a plus de rhétorique là-dedans que de véritable indignation.

Cette satire était d'abord réunie à celle qui est devenue la satire VI du recueil, et qui traite des *Embarras de Paris ;* Boileau les sépara, et il eut raison : car cette seconde pièce n'est point du tout du même ton que la première, et forme à elle seule un ensemble qu'il eût été fâcheux de déparer. C'est encore une imitation de Juvénal, plus aisée peut-être et plus libre. Cette fois, ce n'est pas Damon qui parle, c'est Boileau lui-même qui essaie de nous faire un tableau de Paris en 1660, c'est-à-dire à l'époque où il occupait chez son frère Jérôme une guérite, au-dessus du grenier, dans le voisinage des souris et des chats. Cette peinture des rues de Paris est moins vivante et moins réaliste, à coup sûr, que celles qu'on trouve dans quelques-unes des mazarinades du temps, ou dans la *Foire Saint-Germain* de Scarron ; elle a du moins le mérite d'être plus littéraire et d'être mieux écrite.

Quatre ans plus tard, Boileau, déjà célèbre et engagé dans la lutte contre les mauvais écrivains de son temps, revint à la satire morale et donna coup sur coup quatre pièces dans le goût de Perse et de Juvénal.

La première de ces quatre satires, la moins bonne, est celle qu'il dédia au jeune abbé Le Vayer, dont Molière allait bientôt pleurer la mort dans un sonnet fameux. Le thème qu'y développe le satirique est bien banal, et la façon dont il est traité n'y ajoute aucun intérêt. Tous les hommes sont fous et chacun croit néanmoins avoir la sagesse en partage : un savant blâme un galant, qui se rit du savant ; un bigot damne un libertin, qui prend le bigot en pitié ; un avare et un prodigue se traitent l'un l'autre d'insensés ; tous se complaisent également dans leur folie. Telle est la médiocre portée philosophique de cette œuvre.

La satire V, *Sur la Noblesse,* est bien supérieure : ce n'est pas seulement une paraphrase assez heureuse de quelques beaux vers de Juvénal ; il s'y ajoute un intérêt véritable, quand on songe à l'époque où Boileau écrivait, et à l'homme à qui il dédiait son œuvre. Jamais la qualité n'avait davantage tourné les têtes : les vrais grands seigneurs étaient gonflés de leurs titres et de leurs prérogatives, et ceux qui n'étaient pas nobles se fabriquaient des généalogies pour marcher de pair avec les autres ; cette confusion de classes si longtemps séparées ira en s'accentuant durant tout le siècle. En vain le roi ordonnera, pour pallier le mal, la célèbre réformation de la noblesse, où Despréaux semble luimême avoir été quelque peu inquiété ; cela n'empêchera pas Regnard, Dancourt et Le Sage de nous montrer dans leurs comédies des laquais transformés en marquis par la toute-puissance de l'argent. La satire de Boileau précède de peu d'années *le Bourgeois gentilhomme*; elle est contemporaine du *Festin de Pierre,* et l'on y trouve dans certains vers un écho de l'éloquente objurgation de don Louis à son fils don Juan :

> La vertu d'un cœur noble est la marque certaine.
> Si vous êtes sorti de ces héros fameux,

> Montrez-nous cette ardeur qu'on vit briller en eux,
> Ce zèle pour l'honneur, cette horreur pour le vice.
> Respectez-vous les lois? fuyez-vous l'injustice?
> Savez-vous pour la gloire oublier le repos,
> Et dormir en plein champ le harnais sur le dos?
> Je vous connais pour noble à ces illustres marques.....
> Mais fussiez-vous issu d'Hercule en droite ligne,
> Si vous ne faites voir qu'une bassesse indigne,
> Ce long amas d'aïeux que vous diffamez tous
> Sont autant de témoins qui parlent contre vous;
> Et tout ce grand éclat de leur gloire ternie
> Ne sert plus que de jour à votre ignominie.
> En vain, tout fier d'un sang que vous déshonorez,
> Vous dormez à l'abri de ces noms révérés :
> En vain vous vous couvrez des vertus de vos pères,
> Ce ne sont à mes yeux que de vaines chimères;
> Je ne vois rien en vous qu'un lâche, un imposteur,
> Un traître, un scélérat, un perfide, un menteur,
> Un fou dont les accès vont jusqu'à la furie,
> Et d'un tronc fort illustre une branche pourrie.

Il est seulement regrettable que ces beaux vers n'aient pas été dédiés, comme Boileau en avait d'abord eu l'intention, à un grand seigneur de race, au duc de La Rochefoucauld, au lieu du frivole et vaniteux Dangeau, dont la noblesse était bien près d'être une *chimère*.

La satire III, le *Repas ridicule* (1665), est plus simple et plus agréable: elle est inspirée d'Horace et de Regnier, qui avaient déjà traité le même sujet, le premier avec finesse et esprit, le second avec une verve endiablée. Boileau s'est contenté de broder sur ce canevas de jolis vers dont quelques-uns sont restés gravés dans toutes les mémoires. Mignot est devenu presque aussi célèbre que Cotin, et, chacun de nous le sait,

> Jamais empoisonneur ne sut mieux son métier!

On se souviendra longtemps aussi de ces lapins

> Sentant encor le chou dont ils furent nourris,

de ces deux salades,

> L'une de pourpier jaune et l'autre d'herbes fades,

de ce valet portant un jambon à pas comptés

> Comme un recteur suivi des quatre facultés,

et de cette douce attention de l'amphitryon :

> Aimez-vous la muscade? on en a mis partout.

Mais le vrai mérite de cette satire consiste moins dans ces descriptions élégantes et burlesques, que dans le fragment de satire littéraire que l'auteur a mis dans la bouche de l'un des campagnards.

En 1667 Boileau composa sa grande satire *Sur l'Homme*, qui est dans ce genre son œuvre la plus étudiée. Il n'y a plus à insister sur la banalité d'un pareil sujet : on s'est bien souvent amusé à prétendre que l'homme est fort inférieur à ces bêtes dont il se croit le souverain monarque ; mais on a plus de plaisir à goûter ce paradoxe dans Montaigne que dans Boileau, dont la plume est bien lourde pour une semblable démonstration. Il se trouve pourtant dans cette satire d'heureuses adaptations de Perse et une paraphrase énergique de quelques vers d'Horace :

> Veux-tu voir tous les grands à ta porte courir?
> Dit un père à son fils dont le poil va fleurir.
> Prends-moi le bon parti : laisse là tous les livres.
> Cent francs au denier cinq combien font-ils? Vingt livres.
> C'est bien dit. Va, tu sais tout ce qu'il faut savoir.
> Que de biens, que d'honneurs sur toi s'en vont pleuvoir!

> Exerce-toi, mon fils, dans ces hautes sciences ;
> Prends, au lieu d'un Platon, le Guidon des finances :
> Sache quelle province enrichit les traitans ;
> Combien le sel au roi peut fournir tous les ans.
> Endurcis-toi le cœur : sois arabe, corsaire,
> Injuste, violent, sans foi, double, faussaire.
> Ne va point sottement faire le généreux :
> Engraisse-toi, mon fils, du suc des malheureux...
> Quiconque est riche est tout : sans sagesse il est sage,
> Il a, sans rien savoir, la science en partage ;
> Il a l'esprit, le cœur, le mérite, le rang,
> La vertu, la valeur, la dignité, le sang ;
> Il est aimé des grands, il est chéri des belles :
> Jamais surintendant ne trouva de cruelles.
> L'or, même à la laideur, donne un teint de beauté,
> Mais tout devient affreux avec la pauvreté.

La conclusion de la satire est que l'homme est même au-dessous d'un âne et que, si maître Aliboron pouvait dire de nous tout haut ce qu'il en pense tout bas,

> Ah ! docteur, entre nous, que ne dirait-il pas ?

C'est l'idée que V. Hugo a reprise dans un de ses derniers poèmes, où il montre un âne faisant la leçon à Kant, au patriarche de la philosophie du xixe siècle !

Telles sont les principales satires morales de Boileau ; il renonça vite à ces essais de jeunesse, pour se consacrer tout entier à la lutte qu'il avait entreprise contre le mauvais goût de l'époque ; prêcher la vertu aux hommes convenait moins à son talent que leur prêcher le bon sens et la raison dans les choses de l'esprit.

Plus de vingt-cinq ans après la satire *Sur l'Homme*, Boileau, déjà vieux et retiré de la bataille littéraire où il avait porté de si rudes coups, revint pourtant à la satire morale, et à l'imitation de ce Juvénal qui avait guidé ses premiers pas dans la carrière des vers. Cette fois il s'attaque à un sujet plus délicat, qu'on lui avait demandé depuis long-temps de traiter, paraît-il, et dans lequel il se flatte ingénument d'avoir tout à fait réussi : « Plusieurs de mes amis, à qui j'ai lu cette satire, en ont parlé dans le monde avec de grands éloges, et ont publié que c'était la meilleure des miennes. » C'est la Xe satire, si controversée et si célèbre, *Sur les Femmes*. On a si souvent fait remarquer ce qui manquait à Boileau pour être à la hauteur de sa tâche, qu'il serait cruel de trop insister. Il est bien certain qu'à cinquante-sept ans il est un peu tard pour partir en guerre contre les femmes. On comprendrait la revanche d'un cœur ulcéré dont la plaie n'est pas encore bien fermée, l'explosion d'une haine injuste qui ne serait qu'un amour aigri et déguisé, ou bien encore une boutade légère et spirituelle comme on en a de tout temps composée en France sur le mariage. Mais lorsqu'on est arrivé comme Boileau au seuil de la vieillesse sans avoir seulement, semble-t-il, songé à l'amour, il est assez ridicule de s'indigner si fort contre un sexe que l'on connaît si peu. Les ennemis de Boileau, Regnard en tête, avaient beau jeu de le railler sur ce chapitre. Dans cette amère diatribe contre les femmes, il y a vraiment une lourdeur et, disons le mot, une brutalité gênante, qui fait bien plus honneur à la naïveté de Boileau qu'à son bon goût. Félicitons pourtant l'auteur de n'avoir pas, « en une matière aussi délicate, laissé échapper un seul mot qui pût le moins du monde blesser la pudeur », mérite d'autant plus grand que Juvénal offrait un dangereux modèle à suivre. De plus, jamais Boileau n'a écrit des vers plus forts, plus pleins, d'un bon sens plus aiguisé, et d'une langue plus riche ; les rimes sont moins rebelles ; et il circule même dans certains endroits de l'œuvre une verve peu coutumière ; on peut signaler tout particulièrement les portraits de la coquette, de la joueuse, de la plaideuse, de la précieuse, de la prude, et surtout de cette bigote altière et sèche, toujours suivie de son directeur, abbé dameret et casuiste retors. Mais rien n'égale dans la pièce le passage où l'auteur nous peint avec un réalisme surprenant l'inoubliable silhouette du lieutenant de police Tardieu et de son avaricieuse compagne ; ces vers rappellent par certains côtés la touche si triviale et si vraie de Callot :

> Rien ne le rebuta, ni sa vue éraillée,
> Ni sa masse de chair bizarrement taillée ;
> Et trois cent mille francs avec elle obtenus
> La firent à ses yeux plus belle que Vénus.
> Il l'épouse ; . . . .
> Aussitôt de chez eux tout rôti disparut ;
> Le pain bis, renfermé, d'une moitié décrut ;
> Les deux chevaux, la mule, au marché s'envolèrent ;
> Deux grands laquais, à jeun, sur le soir s'en allèrent :
> De ces coquins déjà l'on se trouvait lassé,
> Et pour n'en plus revoir le reste fut chassé.
> Deux servantes déjà, largement soufflétées,
> Avaient à coups de pied descendu les montées,
> Et se voyant enfin hors de ce triste lieu,
> Dans la rue en avaient rendu grâces à Dieu.
> Un vieux valet restait, seul chéri de son maître,
> Que toujours il servit, et qu'il avait vu naître,
> Et qui, de quelque somme amassée au bon temps,
> Vivait encor chez eux, partie à ses dépens.
> Sa vue embarrassait ; il fallut s'en défaire :
> Il fut de la maison chassé comme un corsaire.
> Voilà nos deux époux sans valets, sans enfants,

Tout seuls dans leur logis, libres et triomphants.
Alors on ne mit plus de borne à la lésine :
On condamna la cave, on ferma la cuisine ;
Pour ne s'en point servir aux plus rigoureux mois,
Dans le fond d'un grenier on séquestra le bois...
Mais, pour bien mettre ici leur crasse en tout son lustre,
Il faut voir du logis sortir ce couple illustre :
Il faut voir le mari tout poudreux, tout souillé,
Couvert d'un vieux chapeau de cordon dépouillé,
Et de sa robe, en vain de pièces rajeunie,
A pied dans les ruisseaux traînant l'ignominie.
Mais qui pourrait compter le nombre de haillons,
De pièces, de lambeaux, de sales guenillons,
De chiffons ramassés dans la plus noire ordure,
Dont la femme, aux bons jours, 'composait sa parure?
Décrirai-je ses bas en trente endroits percés,
Ses souliers grimaçants, vingt fois rapetassés,
Ses coiffes, d'où pendait au bout d'une ficelle
Un vieux masque pelé presque aussi hideux qu'elle?
Peindrai-je son jupon bigarré de latin,
Qu'ensemble composaient trois thèses de satin,
Présent qu'en un procès sur certain privilège
Firent à son mari les régents d'un collège,
Et qui, sur cette jupe, à maint rieur encor
Derrière elle faisait lire *Argumentabor?*

Boileau ne devait plus retrouver la même verve lorsque, cinq ans plus tard, il eut la malencontreuse idée d'adresser à M. de Valincour la satire XI *Sur l'Honneur*. Il avait alors soixante-deux ans, et il ne sut pas dételer à temps, comme le sage dont parle Horace : *Solve senescentem maturus equum....* Ce n'est pas que dans cette poésie très médiocre et très froide, on ne puisse encore admirer une mâle vigueur de pensée, et parfois même des vers fortement frappés ; l'âme du poète est toujours jeune et passionnée pour le vrai ; l'auteur fait entendre de dures vérités à ce roi qu'il avait adulé dans le *Passage du Rhin ;* il lui rappelle, comme fera Fénelon plus tard, que les dons de l'esprit n'empêchent pas un roi d'être injuste, que la gloire des batailles n'est pas tout, et que le premier des Césars dont on vante les exploits aurait peut-être mérité d'être pendu haut et court. Il fulmine encore contre les faux chrétiens, qui n'ont jamais conçu dans leur cœur la justice de cet Evangile auquel ils croient pourtant :

> Un dévot aux yeux creux, et d'abstinence blême,
> S'il n'a point le cœur juste, est affreux devant Dieu.
> L'Evangile au chrétien ne dit en aucun lieu :
> Sois dévot. Elle dit : Sois doux, simple, équitable.

Pourquoi faut-il que Boileau, sentant ses forces le trahir, rehausse maladroitement le ton et finisse cette satire par les plus froides allégories ? Nous assistons à un défilé de toutes les vertus et de tous les vices, diversement habillés, et nous apprenons l'histoire malheureuse du Véritable Honneur et de l'Equité sa sœur, injustement persécutés ici-bas par un aventurier nommé Faux Honneur.

Ce même procédé se retrouve dans la dernière satire que composa Boileau, en 1701, et qui atteste cruellement la décadence de son génie poétique. Le sujet était aussi singulièrement mal choisi : l'auteur avait eu la fâcheuse idée de composer tout un poème sur l'*Equivoque :* « Je croyais d'abord faire tout au plus cinquante ou soixante vers ; mais les pensées me venant en foule, j'ai poussé ces vers jusqu'à près de trois cent cinquante. C'est au public maintenant à voir si j'ai bien ou mal réussi. » Il est facile, hélas ! de répondre, et de constater l'insuccès de l'auteur. Dans ce long plaidoyer contre les équivoques de toute sorte, de langue, de pensée et de conduite, il n'y a guère à retenir qu'une honnête et virulente protestation contre la Saint-Barthélemy :

> Cent mille faux zélés, le fer en main courant,
> Allèrent attaquer leurs amis, leurs parents ;
> Et sans distinction, dans tout sein hérétique
> Pleins de joie enfoncer un poignard catholique.

Si l'on veut porter un jugement d'ensemble sur ces satires morales que nous venons de passer rapidement en revue, on sera bien forcé de reconnaître qu'elles ne brillent pas au premier rang à côté de celles de Juvénal, d'Horace, ou de Mathurin Regnier. Le fond en est banal, et n'est pas assez rajeuni par l'auteur ; Boileau n'a rien dit sur les folies humaines, sur la noblesse, ou sur les femmes, que ses prédécesseurs n'aient dit à peu près avant lui ; il ne lui reste guère que le mérite d'avoir émaillé de quelques beaux vers ces heureuses imitations. Quand il a voulu traiter un sujet presque neuf, comme l'*Honneur*, ou comme l'*Equivoque*, le modèle lui faisant défaut, sa verve s'est vite tarie. Même dans ses meilleures satires il manque toujours quelque chose, ou l'âpreté déchirante de Juvénal, ou la bonne grâce ironique d'Horace, ou le naturel indolent de Regnier ; on y sent, à la vérité, ce qu'on ne rencontre pas toujours chez ses maîtres, l'accent d'un parfait honnête homme, qui déteste vraiment le vice dans le fond de son cœur et non pas des lèvres seulement. C'est le plus solide mérite de ces satires qui s'élèvent presque au rang des chefs-d'œuvre, sinon par la puissance de l'inspiration, du moins par l'absolue sincérité et par le ferme bon sens qui les a dictées.

II

LUTTE CONTRE LES POÈTES HÉROÏQUES.

Mais la satire, telle que la concevait Boileau, n'était pas seulement morale; elle ne bornait pas sa tâche à démasquer les fausses vertus de ce monde

> Et jusque sous le dais faire pâlir le vice.

Son rôle était de détromper les hommes de toutes les erreurs de leur temps, de celles qui gâtent l'esprit comme de celles qui gâtent le cœur. Boileau devait donc la mettre au service du bon sens et du bon goût en poésie:

> C'est ainsi que Lucile, appuyé de Lélie,
> Fit justice en son temps des Cotins d'Italie,
> Et qu'Horace, jetant le sel à pleines mains,
> Se jouait aux dépens des Pelletiers romains.
> C'est elle qui, m'ouvrant le chemin qu'il faut suivre,
> M'inspira dès quinze ans la haine d'un sot livre,
> Et sur ce mont fameux où j'osai la chercher
> Fortifia mes pas et m'apprit à marcher.
> C'est pour elle, en un mot, que j'ai fait vœu d'écrire.

Nous pouvons ajouter que c'est à elle qu'il dut le plus clair de sa gloire.

La satire littéraire, inaugurée en France par Regnier et devenue sous la plume de Boileau un genre presque national, était autrefois la forme la plus parfaite et la plus vivante de la critique. Assurément nous pouvons sourire aujourd'hui du bagage assez léger d'observations sur lequel elle reposait;

nous qui plions sous le faix des documents, qui passons notre vie à nous informer, plutôt qu'à apprendre, et encore moins à savoir, et qui parvenons à peine à connaître un petit coin dans le champ indéfini de la science, nous nous étonnons de la superbe assurance de Boileau disant leur fait à des auteurs qu'il a peu lus, et qu'il n'a jamais songé à replacer dans leur milieu. Sans doute cette critique n'est plus la nôtre ; nous connaissons mieux et nous jugeons moins, soit que nous n'ayons pas le temps ou qu'il nous vienne trop de scrupules. Nous ne croyons plus qu'il suffise d'avoir, pour ce métier, du bon sens, du goût et un peu de talent ; nous dirions volontiers qu'il faut posséder la science universelle, avoir tout lu et tout connu. Nous avons raison, semble-t-il, et pourtant nous sommes peut-être moins avancés avec nos interminables enquêtes, que Boileau avec ses arrêts imparfaitement motivés. Quoi qu'il en soit, la satire littéraire, dont personne ne voudrait tâter aujourd'hui, avait bien son utilité dans un temps où la littérature n'était ni une science compliquée, ni un commerce vulgaire, mais le noble délassement d'une société d'élite, sinon la plus instruite, du moins la plus policée qui fût jamais. De gros livres, bourrés de notes et d'index, eussent manqué leur but : mais cette critique aisée et spirituelle, relevée par le charme de la poésie, et mêlant, selon le vieux précepte, l'agréable à l'utile, était plus puissante que tous les in-folios des pédants : heureux siècle où le goût était la règle souveraine, non pas toujours infaillible, mais sans cesse invoquée et admise. Ne dédaignons donc pas ces satires de Boileau : elles ont fait de leur temps ce que ne pourrait plus faire du nôtre le plus gros appareil de critique et d'érudition ; elles ont livré bataille au mauvais goût, et cette bataille, elles l'ont gagnée.

Boileau, dans cette lutte, attaqua vivement, et de plusieurs côtés, faisant face à tous les adversaires qu'il avait provoqués. Pour bien se rendre compte de son œuvre, il ne faut donc pas étudier l'une après l'autre ses satires : on s'exposerait à se perdre dans la confusion de cette mêlée ; mais il faut connaître les partis qui étaient en présence et les ennemis auxquels il avait affaire. Nous jugerons mieux ainsi des coups qu'il leur a portés.

Au premier rang de ceux auxquels Boileau déclara la guerre, nous trouvons les partisans attardés et clairsemés de l'école de Ronsard. Malherbe avait déjà, d'un assaut brutal, renversé l'idole ; Boileau va achever la déroute des derniers disciples restés fidèles au poète vendômois.

A vrai dire, cet effondrement de la gloire de Ronsard ne signifie pas que son œuvre ait été détruite et que son influence eût disparu ; au contraire, les idées qu'avait proclamées du Bellay dans sa fière déclaration étaient bien vivantes, et aucun des exemples donnés par les poètes de la Pléiade n'avait été perdu, au moment où Boileau allait inaugurer la période vraiment classique du xviie siècle : c'est à ces généreux novateurs que la poésie devait à peu près tout ce qu'elle était, et tout ce qu'elle allait être. Si elle s'était élevée au-dessus des gentillesses et des frivolités de cour, où Marot et Mellin de Saint-Gelais l'auraient volontiers confinée, et si elle était devenue un noble métier, illustré par un grand nombre de chefs-d'œuvre, et digne d'occuper le génie du grand Corneille, c'est à la Pléiade qu'il en faut reporter tout l'honneur. Elle a ouvert à la poésie des voies toutes nouvelles et présenté à l'imagination épuisée de nos auteurs l'idéal resplendissant du monde antique : elle a fondé notre théâtre classique, fécondé les sources du lyrisme, suscité ou rajeuni tous les genres ; elle nous aurait donné notre épopée nationale, si cela avait été encore possible. Elle a surtout considéré la poésie comme un art, le plus difficile et le plus divin de tous, fait de travail opiniâtre et de génie inspiré, supérieur en dignité à tous les autres, supérieur même à la majesté du roi de France. Tout le xviie siècle procède de cet admirable mouvement de la Renaissance, et il n'est pas bien sûr qu'aujourd'hui même, malgré tant d'influences nouvelles, nous ne lui devions pas le meilleur de ce que nous sommes.

On sait pourtant de quelle ingratitude et de quelle injustice a été payée l'œuvre de Ronsard. Sans doute ces jeunes gens pleins d'enthousiasme et d'illusions avaient eu le tort de trop mépriser la foule, le *profanum vulgus*, avec lequel il faut toujours compter pour conquérir une gloire solide ; ils avaient trop cru aux livres, à ces exemplaires grecs et latins qu'ils admiraient sans choix et imitaient sans discrétion ; ils avaient eu trop d'orgueil, et, dans leur présomption, ils avaient arbitrairement décrété bien des réformes, sans les confirmer toujours par des chefs-d'œuvre. Il était naturel qu'une réaction se produisît et qu'à ce grand effort d'innovation succédât, pour quelques années, un esprit de sage discipline ; la poésie était née, puissante et confuse : il fallait l'organiser. C'est alors que *Malherbe vint*. Nous n'avons pas à apprécier son œuvre ici, ni à nous demander ce que devint entre ses mains cet héritage de poésie que lui avait transmis Ronsard : on a bien souvent proclamé ce que la littérature a gagné à cette réforme pointilleuse et sévère, et trop rarement montré tout ce qu'elle y a perdu. Quoi qu'il en soit, la chute fut profonde et fatale au Vendômois, qui ne s'en est pas encore relevé après deux siècles et demi :

> Vulcain impunément ne tomba pas des cieux.

Ces odes, si amoureusement et patiemment ciselées durant les veilles fécondes du collège de Coqueret, avaient été biffées vers par vers : rien n'avait trouvé grâce devant le terrible regratteur des mots et des syllabes. Ce Ronsard porté aux nues par ses contemporains, et célébré comme Homère par l'admiration pieuse de du Perron, n'était plus représenté que comme un poète illisible et grotesque. De fait, on ne le lut plus guère, et la belle édition de 1629 fut la dernière, jusqu'au jour où le *Tableau de la Littérature française* de Sainte-Beuve ramena l'attention de nos pères sur le vieux poète oublié.

Quelques écrivains lui étaient pourtant restés fidèles durant les premières années du XVIIe siècle, défenseurs maladroits et décriés d'une juste cause. Je ne parle pas de Regnier, charmant poète, fourvoyé dans la querelle de Ronsard et de Malherbe ; il avait brillamment rompu une lance en l'honneur de la Pléiade par entraînement chevaleresque, et dans un moment d'humeur ; mais il ne fut jamais le disciple de personne, pas même de son oncle Desportes ; il ne retarda pas d'une heure le déclin de cette gloire, à la défense de laquelle il avait généreusement volé. Les vrais fidèles de Ronsard, ceux qui conservent pieusement au xviie siècle le culte du vieux maître, sont Mlle de Gournay et Colletet ; tous deux font d'ailleurs une singulière figure dans un temps où ils n'étaient pas compris, et passaient pour ridicules ; l'une, vieille fille laide et savante, partageant son temps entre sa chatte et les souvenirs de Montaigne, défendait Ronsard comme le poète de sa jeunesse disparue, et ne voyait que barbarie et ténèbres autour d'elle ; l'autre, gros et joyeux vivant, féru des sonnets amoureux de Ronsard, les refaisait à sa façon en l'honneur de quelque servante, et changeait Cassandre en Claudine. Mais à défaut de partisans avoués, la Pléiade possédait encore quelques disciples inconscients, au moment où Boileau publiait ses *Satires* : il les faut chercher parmi certains poètes aux allures libres et à l'imagination déréglée ; il les faut chercher surtout dans le camp des poètes héroïques, et plus particulièrement des poètes épiques. Ceux qui s'essoufflaient à construire péniblement une ode imitaient Malherbe, les faiseurs de tragédies avaient les yeux tournés vers l'Espagne : mais à quel modèle se reportaient ceux qui célébraient en vingt-quatre chants Jeanne d'Arc, saint Louis ou Childebrand, sinon à Ronsard et à son infortunée *Franciade* ? Cette ambition un peu téméraire de faire une épopée après Homère et Virgile, cette adaptation des règles anciennes à un sujet moderne, ce style emphatique, cette grandiloquence rappelaient assez la vaine et noble tentative où avait échoué le génie du réformateur : c'est par la moins bonne partie de son œuvre, que Ronsard a vécu le plus longtemps au xviie siècle : on sent bien, à lire les poèmes épiques de 1630 à 1670, que Malherbe n'a point passé par là.

Boileau voulut consommer la déroute de la Pléiade et détruire ce reste d'influence qui persistait encore. Pour cela il s'en prit à la fois au maître et aux disciples.

Le jugement qu'il porta sur Ronsard dans le premier chant de *l'Art poétique* est resté fameux par la sévérité avec laquelle est traité le fondateur de notre littérature classique. Il vient de parler de Marot et de le louer pour des mérites qui ne sont pas les siens : par exemple, il lui sait gré d'avoir « tourné des triolets » et « rimé des mascarades », alors que Marot n'en a jamais composé, d'avoir asservi « à des refrains réglés » le rondeau, auquel Marot n'a pourtant rien innové, enfin d'avoir « montré pour rimer des chemins tout nouveaux », qui se bornent à l'élision de l'*e muet* à la fin du premier hémistiche ! Cet éloge si impropre et si malheureux forme un contraste frappant avec la condamnation portée contre Ronsard :

> Ronsard, qui le suivit, par une autre méthode
> Réglant tout, brouilla tout, fit un art à sa mode,
> Et toutefois longtemps eut un heureux destin.
> Mais sa muse, en français parlant grec et latin,
> Vit dans l'âge suivant, par un retour grotesque,
> Tomber de ses grands mots le faste pédantesque.
> Ce poète orgueilleux, trébuché de si haut,
> Rendit plus retenus Desportes et Bertaut.
> Enfin, Malherbe vint...

Ainsi donc la venue de Ronsard aurait été un malheur pour les lettres françaises ! Ce poète inspiré, cet « Apollon de la source des Muses », comme l'appelait Marie Stuart, n'aurait été qu'un brouillon et un fat, dont le seul souvenir semble insupportable à Boileau. Quel soupir de soulagement dans l'exclamation de la fin : *Enfin, Malherbe vint...* !

Il n'y a pas bien longtemps qu'on a commencé en France à juger ce jugement célèbre, et à en reviser les termes. Tout est faux et injuste, ou à peu près, dans ces quelques vers. La *méthode* de Ronsard n'est pas comparable à celle de Marot, qui n'en avait pas, et écrivait au gré de sa charmante fantaisie. Si Ronsard a embrouillé quelque peu la poésie, cela tient à ce qu'il n'y avait rien avant lui, ou peu de chose ; il a tout créé, ou, pour mieux dire, tout suscité ; qu'il n'ait pas eu le temps de ranger dans un ordre parfait ces incomparables richesses, faut-il lui en faire un crime ? Ne doit-on pas plutôt lui savoir gré de nous les avoir léguées ? Cet art de la poésie, inconnu ou inconscient avant lui, il ne le fit pas à *sa mode;* il essaya de le régler pour la première fois en France par la contemplation et l'étude des modèles anciens : tâche singulièrement noble et ardue, où il est bien excusable de n'avoir pas toujours réussi. Sa muse n'a jamais, quoi qu'on ait dit, parlé grec et latin en français : elle s'est beaucoup inspirée des livres grecs et latins, elle a essayé de faire revivre chez nous Virgile et Pindare : mais la langue qu'elle parlait était purement française ; Ronsard était l'ennemi juré des grécaniseurs et des latiniseurs, et il recommandait par testament à ses disciples de défendre la langue maternelle, la bonne vieille langue française, si riche et si forte, contre les écoliers limousins. Ces grands mots, raillés par Boileau, n'étaient pas autre chose que des mots composés, formés d'éléments bien français, créés trop vite peut-être et en trop grand nombre, mais trop vite aussi rejetés et dédaignés : c'est à peine si La Fontaine en pourra sauver quelques-uns. Enfin cette chute, que Boileau trouve *grotesque*, ne fut pour rien dans la *retenue* de Desportes et de Bertaut, par la bonne raison que ces deux poètes ont fleuri au moment de la plus grande gloire de leur maître Ronsard. En somme, de tous ces reproches, il n'y en a guère que deux qui puissent nous sembler mérités : oui, Ronsard fut pédant, et il fut orgueilleux ; son pédantisme fut du moins celui d'un vrai savant, et son orgueil celui d'un vrai poète. Cet arrêt mémorable, aussi injuste par ce qu'il omet que par ce qu'il signifie, a fait loi, malgré tout, pendant deux siècles : il a été le coup de grâce qui a achevé Ronsard, déjà si maltraité; de nos jours même on a beau le reviser, en montrer par le menu toute l'iniquité, on ne saurait se flatter d'en détruire tout l'effet ; faire l'apologie de la Pléiade semblera toujours une œuvre assez paradoxale ; la gloire de Ronsard est de celles qui ne ressuscitent pas : tout ce que peut faire notre siècle mieux éclairé, c'est d'entretenir en son honneur cet « autel expiatoire » auquel Sainte-Beuve a apporté la première pierre.

Boileau poursuivit la descendance de Ronsard avec autant d'acharnement qu'il avait attaqué Ronsard lui-même. Théophile de Viau, ce poète à l'inspiration si rare, cet amant de la belle nature, qui nous a laissé de si jolis vers au milieu d'une œuvre inégale et bourbeuse, n'est pour Boileau qu'un exécrable auteur, indigne d'être comparé à Malherbe ou à Racan : le critique s'indigne à cette seule pensée :

A Malherbe, à Racan, préférer Théophile !

Quand il veut nous montrer la fatuité grossière de

THÉOPHILE DE VIAU
d'après une reproduction de la Bibliothèque Nationale.

l'hôte du *Repas ridicule,* il ne trouve rien de mieux que d'en faire un partisan de Théophile et de Ronsard :

> Mais notre hôte surtout, pour la justesse et l'art,
> Elevait jusqu'au ciel Théophile et Ronsard (1).

Le bon et gros Gérard de Saint-Amant ne trouve pas plus grâce devant Boileau : sa vie et ses œuvres lui semblent également un objet de scandale. Ce « roi des goinfres », ce chantre joyeux du fromage et du melon, qui faisait résonner sa gaieté dans tous les cabarets à la mode, en compagnie de son digne ami Faret, est transformé dès la première satire en un personnage famélique et misérable, fourvoyé à la cour. Rien n'est moins exact qu'une pareille histoire, et l'on sait que c'est bien plutôt d'indigestion que de faim que Saint-Amant pouvait mourir. Quant à l'auteur de la *Solitude* et de la *Contemplation,* ces deux pièces si rares dans un siècle où les poètes fermeront leur cœur aux voix de la nature extérieure, Boileau ne lui en sait aucun gré. En revanche il ne lui pardonne pas d'avoir

> .... d'une voix insolente
> Chanté du peuple juif la fuite triomphante,

c'est-à-dire d'avoir fait le *Moyse sauvé,* sorte d'épître idyllique, où quelques détails agréables ne suffi-

---

(1) Il faut dire aussi que Théophile, malgré ses dons naturels et charmants, est souvent un modèle de recherche prétentieuse et de mauvais goût. On connaît de lui les vers souvent cités :

> Ah ! voici le poignard qui du sang de son maître
> S'est souillé lâchement : il en rougit, le traître !

Son talent et sa vie se consumèrent honteusement dans les horreurs du *Parnasse satirique.*

BOILEAU.

sent pas à racheter l'ennui de trop longues descriptions ; il s'oublie même jusqu'à le traiter de *fou* et à le juger digne des Petites-Maisons.

Mais c'est surtout aux épopées que Boileau décoche les traits de satire les plus virulents. Il faut dire que toute cette production héroïque, qui encombra la littérature de 1650 à 1670, était bien médiocre, et justifiait en grande partie cette sévérité. Boileau n'est pas tendre pour le grand poème, qu'avait publié en 1656 Georges de Scudéry, fervent admirateur de Théophile et de Ronsard, écrivain non point médiocre, mais emphatique et outré, vrai matamore de lettres, fier de la facilité prodigieuse avec laquelle il enfantait des volumes. Son *Alaric*, semé de quelques heureux traits, n'est aux yeux de Boileau qu'un sot et fastidieux ouvrage. Quant à Desmarets de Saint-Sorlin, le fougueux ennemi des jansénistes, théoricien rêveur et mystique, Boileau ne lui sait aucun gré du projet qu'il avait formé de donner à la France une épopée nationale et chrétienne ; et au seul nom de *Clovis* il ne sait que pousser un *hélas !* comme s'il s'agissait de l'*Agésilas* de Corneille :

Hélas ! il faut lire *Clovis* !

La *Pharsale* de Brébeuf « étincelle » parfois, mais c'est au milieu d'un « fatras obscur ». Carel de Sainte-Garde, l'auteur des *Sarrasins chassés de France*, n'est qu'un ignorant, pour avoir été choisir un héros comme Childebrand, au nom dur et barbare. Coras est peut-être de tous le plus maltraité : il s'était avisé de répondre aux premières attaques de Boileau par un pamphlet assez mordant ; aussi le satirique revient-il à sept ou huit reprises sur ces malheureux poèmes, immortalisés par le ridicule :

> Le *Jonas* inconnu sèche dans la poussière :
> Le *David* imprimé n'a point vu la lumière.

Mais Boileau n'a pas seulement attaqué ces poètes du second et du troisième ordre, qu'il n'était pas très difficile de ridiculiser aux yeux du public. Il a osé s'en prendre à celui qui les dominait tous, et qui avait la prétention d'exercer de son temps une sorte de maîtrise dans ce genre de poésie, au célèbre auteur de la *Pucelle*, à Chapelain.

Ce n'était pas un mince personnage que M. Jean Chapelain, qualifié couramment par ses contemporains « de prince des poètes français », et reconnu pendant trente ans comme l'oracle incontesté du bon goût dans la république des lettres. Son autorité était venue bien moins de son talent que de la protection toute-puissante du grand cardinal dont il était la créature et le représentant officiel. Dès la création de l'Académie, il avait joué parmi ses collègues un rôle prépondérant : c'était lui d'abord qui avait décidé les habitués du salon de Conrart à abdiquer leur indépendance entre les mains de Richelieu ; c'était lui qui avait pris la direction des travaux de la Compagnie, assumé la tâche de fournir le plan du fameux dictionnaire et d'une grammaire ; enfin c'est lui qui se fit dans une occasion fameuse l'interprète de ce grand corps, en rédigeant les *Sentiments de l'Académie sur le Cid*, « l'une des meilleures critiques que l'on ait faites sur aucun sujet », au dire de La Bruyère trop indulgent. Déjà pensionné par Richelieu, il allait parvenir avec Colbert à l'apogée de sa puissance et de sa gloire. En sa qualité de « poète français le meilleur, et du meilleur jugement », il avait été chargé de répartir entre les gens de lettres ces fameuses pensions tant reprochées depuis à Louis XIV, à cause de l'estimation singulière qui y était faite du talent de certains écrivains : Chapelain s'était naturellement inscrit en tête de la liste pour la plus grosse somme, sans qu'on y trouvât à redire, tant il était considéré comme le juge infaillible des écrivains, poète lui-même digne d'être comparé à Virgile ou à Homère. Cette *Pucelle*, si magnifiquement annoncée pendant vingt ans, et qui vit enfin le jour en 1656, avait mis le comble à sa réputation ; elle avait eu en moins de dix-huit mois jusqu'à six éditions, et balancé la vogue des *Provinciales* publiées la même année. En dépit de quelques épigrammes qui avaient osé se produire au milieu de l'applaudissement général, Chapelain était resté debout dans sa gloire jusqu'aux *Satires* de Boileau ; il était le maître incontesté de la poésie héroïque, il était surtout devenu le théoricien et le régent du Parnasse, celui qui édictait sans appel les règles de l'épopée et de la tragédie.

Il fallait donc un véritable courage à Boileau, alors obscur, âgé de vingt-quatre ans, pour s'attaquer à une autorité aussi puissante. Il ouvrit le feu dès la première satire, où il raillait le poète sous le nom de Pucelain et de Patelin : ce qui fit dire à Chapelain, encore dédaigneux et impassible : « Pourquoi défigurer mon nom ? » Le satirique revint à la charge en 1663, en parlant des « vers forcés de la Pucelle ». Dans le *Repas ridicule*, il fait dire à son bélitre de campagnard :

> La *Pucelle* est encore une œuvre bien galante,
> Et je ne sais pourquoi je bâille en la lisant.

CHAPELAIN

d'après une reproduction de la Bibliothèque Nationale.

La lutte continue dans la satire à Le Vayer : c'est l'époque où Boileau met Chapelain dans presque toutes ses satires et dirige contre lui une guerre d'épigrammes, à laquelle se rattache ce quatrain si plaisant :

Vers en style de Chapelain
Pour mettre à la fin de son poème de la Pucelle :

Maudit soit l'auteur dur, dont l'âpre et rude verve,
Son cerveau tenaillant, rima malgré Minerve ;
Et, de son lourd marteau martelant le bon sens,
A fait de méchants vers douze fois douze cents !

Boileau déclarait à ses amis bien haut qu'« à moins d'un ordre exprès du roi, il soutiendrait toujours qu'un homme après avoir fait la *Pucelle* méritait d'être pendu ». Il s'était aussi diverti, en compagnie de Racine et de Furetière, à composer, le verre à la main, cette burlesque parodie de quelques scènes du *Cid*, où Chapelain et sa perruque étaient fort malmenés (1).

Mais ce n'étaient là que jeux d'écolier dont Chapelain eut le bon goût de ne pas sembler atteint. Le coup le plus rude que lui porta Boileau, est certainement le passage célèbre de la IX⁰ satire, où il met habilement la personne de Chapelain à l'abri de toute irrévérence, pour ne s'en prendre qu'à ses vers. On pouvait, en effet, regretter que des jeunes gens comme Racine et Boileau se permissent des

---

(1) Voici quelques vers de la scène de la provocation :

A moi, la Serre, un mot. — Parle. — Ote-moi d'un doute.
Connais-tu Chapelain ? — Oui. — Parlons bas, écoute :
Sais-tu que ce vieillard fût la même vertu,
Et l'effroi des lecteurs de son temps ? le sais-tu ?
— Peut-être. — La froideur qu'en mon style je porte,
Sais-tu que je la tiens de lui seul ? — Que m'importe ?
— A quatre vers d'ici je te le fais savoir !...

railleries outrées contre un vieillard de près de soixante-dix ans, qui, malgré quelques travers, était un homme honorable et considéré. Boileau vit le péril, et, avec sa promptitude de bon sens, il n'hésita pas à rendre un public hommage aux mœurs du vieux poète, pour dauber plus vivement encore sur ses malencontreux écrits. Ces vers de Boileau font honneur à la droiture de son cœur autant qu'à celle de son esprit; et ils offrent en même temps un modèle achevé du ton de la satire littéraire:

>Il a tort, dira l'un; pourquoi faut-il qu'il nomme?
>Attaquer Chapelain! ah! c'est un si bon homme.
>Balzac en fait l'éloge en cent endroits divers.
>Il est vrai, s'il m'eût cru, qu'il n'eût point fait de vers.
>Il se tue à rimer: que n'écrit-il en prose?
>Voilà ce que l'on dit. Et que dis-je autre chose?
>En blâmant ses écrits, ai-je d'un style affreux
>Distillé sur sa vie un venin dangereux?
>Ma muse, en l'attaquant, charitable et discrète,
>Sait de l'homme d'honneur distinguer le poète.
>Qu'on vante en lui la foi, l'honneur, la probité;
>Qu'on prise sa candeur et sa civilité;
>Qu'il soit doux, complaisant, officieux, sincère:
>On le veut, j'y souscris, et suis prêt à me taire.
>Mais que pour un modèle on montre ses écrits;
>Qu'il soit le mieux renté de tous les beaux esprits;
>Comme roi des auteurs qu'on l'élève à l'empire:
>Ma bile alors s'échauffe, et je brûle d'écrire;
>Et, s'il ne m'est permis de le dire au papier,
>J'irai creuser la terre, et comme ce barbier,
>Faire dire aux roseaux par un nouvel organe:
>« Midas, le roi Midas a des oreilles d'âne. »
>Quel tort lui fais-je enfin? Ai-je par un écrit
>Pétrifié sa veine et glacé son esprit?
>Quand un livre au Palais se vend et se débite,
>Que chacun par ses yeux juge de son mérite,
>Que Bilaine (1) l'étale au deuxième pilier,

(1) Bilaine était un libraire du Palais de justice.

Le dégoût d'un censeur peut-il le décrier ?
En vain contre *le Cid* un ministre se ligue :
Tout Paris pour Chimène a les yeux de Rodrigue.
L'Académie en corps a beau le censurer,
Le public révolté s'obstine à l'admirer.
Mais lorsque Chapelain met une œuvre en lumière,
Chaque lecteur d'abord lui devient un Linière.
En vain il a reçu l'encens de mille auteurs ;
Son livre en paraissant dément tous ses flatteurs.
Ainsi, sans m'accuser, quand tout Paris le joue,
Qu'il s'en prenne à ses vers que Phébus désavoue ;
Qu'il s'en prenne à sa muse allemande en françois.
Mais laissons Chapelain pour la dernière fois.

Boileau tint parole et ne parla plus, je crois, de Chapelain dans ses satires : mais le « bonhomme », qui assistait à l'écroulement de sa gloire et aux succès de son rival, ne put s'en consoler : il s'en vengea d'une façon peu noble, en obtenant de Colbert en 1671 la suppression du privilège qu'avait Boileau de publier son livre : ce privilège ne fut rendu à Boileau que trois ans plus tard, en 1674, à la mort de Chapelain. Boileau avait pourtant laissé le vieux poète en paix depuis la satire IX ; il y fait à peine une légère allusion dans l'épître I ; il ne prononce pas son nom dans *l'Art poétique* où il traite pourtant de l'épopée. S'il lui décoche un trait assez vif dans la satire *des Femmes*, il faut dire que Chapelain était mort depuis vingt ans déjà, et la *Pucelle* tout à fait oubliée.

III.

LUTTE CONTRE LES BURLESQUES.

La lutte que Boileau engagea contre les poètes burlesques fut moins vive et moins glorieuse, car la bataille était gagnée d'avance ; il ne fit guère que précipiter la déroute d'un genre décrié.

On sait quelle avait été, durant plus de dix ans, la fortune inouïe du burlesque, et comment ce genre, issu d'une réaction contre le grand style de la Pléiade, le rigorisme grammatical de Malherbe et les raffinements des Précieuses, avait pris un essor prodigieux pendant la période agitée de la Fronde : la littérature fut alors aussi profondément troublée que l'était la politique. Chose curieuse, ce même public qui, peu d'années plus tard, allait s'éprendre de l'idéal raisonnable proposé par Boileau, s'était épris avec fureur, aux environ de 1650, des plus grossières facéties : la nation presque tout entière était devenue propre à goûter les plaisanteries les plus ridicules, les idées et les expressions les plus grotesques : pour lui plaire, il fallait travestir sa pensée sous un déguisement carnavalesque, s'appliquer à rendre trivial tout ce qui était distingué, bas ce qui était élevé, vulgaire ce qui était noble. C'est l'époque où pullulent les petits vers de huit syllabes, effrontés et cyniques, à l'allure négligée ; en quatre ans sont publiées cinq mille mazarinades, un grand nombre de gazettes burlesques, dont les plus célèbres sont la *Muze historique* de Loret et le *Courrier de Saint-Jullien*; le *Typhon* et le *Virgile travesti* de

Scarron donnent naissance à d'innombrables imitations, même en patois languedocien et bourguignon. Jodelet et Japhet règnent en maîtres sur la scène, à côté des héros de Corneille. La folie est générale ; aucun auteur et aucune œuvre n'y échappent : alors paraît une *Passion de Notre-Seigneur en vers burlesques*, et l'*Extase de la France mourant d'amour devant Jésus-Christ crucifié, en vers burlesques ;* alors prêchent en semblable style le Père Garasse et le petit Père André. Gabriel Naudé dit qu'on ne voyait pas autre chose que des œuvres grotesques sur les étalages du Pont-Neuf, et Pellisson nous raconte que chacun se croyait capable de faire des vers burlesques, depuis les dames et les seigneurs de la cour jusqu'aux femmes de chambre et aux valets.

Mais, avant que Boileau parût, la décadence était déjà venue pour venger le bon sens outragé ; Scarron survivait à sa gloire éphémère; il était lui-même écœuré de ce débordement d'insanités triviales, où ses disciples s'étaient rués par indigence de génie et par sotte imitation. Ce qui chez lui n'était qu'un jeu peut-être lassant, mais souvent spirituel, était devenu entre les mains de ses indignes partisans le métier le plus vil et le plus dégradant : il souffrait de voir sa gloire ainsi mise au pillage, et il appelait de ses vœux un édit royal pour dissiper « le fâcheux orage qui menaçait l'empire d'Apollon ». — « Pour moi, ajoutait-il, je suis tout prêt d'abjurer un style qui a gâté tant de monde. » En attendant, le public s'en détachait de plus en plus : un jésuite, le P. Vavasseur, dirigeait contre le genre burlesque un énorme in-quarto de quatre cent soixante-deux pages; mais ce qui valait mieux, le goût des lecteurs se reprenait avec les *Provinciales* et les premières comédies de Molière. En 1660, lorsque Boileau commença à écrire ses satires, le règne du burlesque était bien fini : d'Assouci, à peu près seul, persistera dans sa grossière infatuation ; mais il aura beau s'intituler empereur du burlesque, on chercherait en vain, à cette date, les états et les sujets de ce bas empire. Malgré cette décadence profonde et méritée du genre, la littérature n'en était pas moins restée profondément troublée : cette confuse poussée avait causé un débordement de mots populaires dans notre langue, et une outrance triviale dans les inventions comiques. Aussi Boileau jugea-t-il à propos de pourchasser les derniers représentants du burlesque décrié, pour achever la victoire du bon sens. Dans le premier chant de *l'Art poétique*, nous trouvons l'historique et la condamnation du genre :

> Au mépris du bon sens, le burlesque effronté
> Trompa les yeux d'abord, plut par sa nouveauté
> On ne vit plus en vers que pointes triviales ;
> Le Parnasse parla le langage des halles ;
> La licence à rimer alors n'eut plus de frein ;
> Apollon travesti devint un Tabarin.
> Cette contagion infecta les provinces,
> Du clerc et du bourgeois passa jusques aux princes.
> Le plus mauvais plaisant eut ses approbateurs ;
> Et, jusqu'à d'Assouci, tout trouva des lecteurs,
> Mais de ce style enfin la cour désabusée
> Dédaigna de ces vers l'extravagance aisée,
> Distingua le naïf du plat et du bouffon,
> Et laissa la province admirer le *Typhon*.
> Que ce style jamais ne souille votre ouvrage.
> Imitons de Marot l'élégant badinage,
> Et laissons le burlesque aux plaisants du Pont-Neuf.

Dans ces vers, il s'attaquait aux deux principaux

D'Assouci

d'après une reproduction de la Bibliothèque Nationale.

représentants du genre burlesque, à Scarron et à d'Assouci.

L'allusion à Scarron est évidente quand il parle d'Apollon *travesti* et du *Typhon*; le nom même de Scarron se trouvait primitivement au début de ce passage, et Boileau avait écrit :

<blockquote>Sous l'appui de Scarron le burlesque effronté...</blockquote>

Il effaça ce nom pour ne pas déplaire à la veuve du pauvre cul-de-jatte, à celle qui allait devenir la marquise de Maintenon. Ce qui ne l'empêcha pas un jour, paraît-il, de s'emporter devant toute la cour contre le style burlesque et contre Scarron. Il disait aussi à Racine le fils : « Votre père avait la faiblesse de lire quelquefois Scarron; mais il se cachait de moi. » Il passait cependant pour s'être plu lui-même aux premiers vers du *Typhon*, et pour avoir exclu de son anathème ce charmant *Roman comique*, qui vaut à lui seul tous les volumes des Gomberville et des Scudéry. Mais l'auteur de *l'Art poétique* était tenu à une sévérité plus grande et devait condamner sans appel un poète qui aurait été pour les jeunes gens un détestable modèle.

D'Assouci, qui vivait encore, s'indigna fort de l'arrêt méprisant de Boileau, et protesta dans le style bizarre dont il était coutumier, traitant Boileau « d'archisatirique » et de « stoïque constipé qui ne rit de rien ». Boileau dédaigna naturellement de répondre à un tel adversaire et à un pareil style.

L'horreur que professe Boileau pour le burlesque ne s'atténue qu'en un seul endroit de ses œuvres, lorsqu'il en vient à parler assez favorablement de Cyrano de Bergerac, écrivain original, à travers toutes ses extravagances :

> J'aime mieux Bergerac et sa burlesque audace,
> Que ces vers où Motin se morfond et nous glace.

L'éloge n'est que relatif, puisque entre deux maux Boileau nous dit qu'il se résigne au moindre. Mais partout ailleurs il s'est élevé avec véhémence contre ces pointes triviales si fort en honneur pendant longtemps :

> L'avocat au palais en hérissa son style,
> Et le docteur en chaire en sema l'Évangile !

et contre ce comique grossier, qu'il jugeait déshonorant pour la poésie :

> Mais pour un faux plaisant, à grossière équivoque,
> Qui pour me divertir n'a que la saleté,
> Qu'il s'en aille, s'il veut, sur deux tréteaux monté,
> Amusant le Pont-Neuf de ses sornettes fades,
> Aux laquais assemblés jouer ses mascarades !

Ne reprochait-il pas à Molière d'avoir allié Tabarin à Térence? Lui-même, lorsqu'il conçut l'idée du *Lutrin*, il prit bien soin d'avertir le public qu'il s'avisait d'un burlesque tout nouveau, très différent de l'ancien. Ainsi Boileau combattait encore le burlesque jusque dans son propre domaine, sur le terrain de la parodie héroï-comique.

IV.

LUTTE CONTRE LES PRÉCIEUX ET LES ROMANESQUES.

La lutte de Boileau contre les précieux fut plus vive : il ne s'attaquait pas à des adversaires décriés, ni à un genre dont le goût public fît déjà justice. L'esprit précieux restait encore puissant en 1660, et, à vrai dire, il ne cessa pas complètement de l'être, même après les satires de Boileau : car il satisfaisait certaines des aspirations les plus nobles du siècle, cette horreur du vulgaire, ce goût pour la convenance parfaite en toutes choses, et pour la délicatesse de pensée et de style. On peut dire que par là Boileau lui-même a été précieux, comme la plupart des grands écrivains de son temps ; ce satirique, qui s'enorgueillissait de n'avoir pas écrit un seul vers dont pût s'alarmer la pudeur, devait savoir gré, au fond de lui-même, aux grandes dames de l'hôtel de Rambouillet d'avoir si fort résisté à l'invasion des termes burlesques et populaciers. Ce patient versificateur, qui n'effaçait guère moins qu'il n'écrivait, devait ne pas mépriser ces artistes de style, si laborieux et si raffinés, qui s'évertuaient dans les salons et dans les ruelles. Il ne serait donc pas impossible de retrouver, tout au fond du génie de Boileau, une certaine affinité avec cet esprit précieux, qui a plus ou moins profondément marqué tous les écrivains du XVIIe siècle. Mais à raffiner sur la pensée et sur le style, on s'éloigne bien vite de la nature, et Boileau devait, au nom du bon sens, poursuivre les excès de la préciosité avec autant d'ardeur qu'il en avait mis à combattre la trivialité burlesque. Les vraies précieuses avaient engendré les fausses, qu'il était parfois bien difficile de distinguer des premières, comme il apparaît dans la comédie de Molière. La préciosité avait fait alors tout le bien qu'elle pouvait faire, et il était grand temps de l'empêcher de faire trop de mal. Voilà pourquoi Boileau lui fit une guerre acharnée, quoi qu'il eût profité comme les autres à cette école d'élégance et de délicatesse.

Il s'attaqua, comme il était naturel, bien plus aux successeurs dégénérés des vrais précieux, qu'aux illustres et authentiques représentants du genre. Il est à remarquer qu'il ne dit jamais de mal de l'hôtel de Rambouillet, et ne lança jamais aucune pointe maligne contre les principaux habitués de la fameuse chambre bleue d'Arthénice. Il épargna même Voiture, dont la réputation de bel esprit n'est pas venue jusqu'à nous sans une forte marque de ridicule. **Il le mit même un jour sur la même** ligne qu'Horace, ce qui est excessif, mais ce qui devait sembler tout naturel à cette époque. Ailleurs il le cite avec Malherbe comme seul capable d'entonner les louanges d'un Condé. Dans la préface de 1701, il le félicite d'avoir extrêmement travaillé ses ouvrages. Dans la dissertation sur la *Joconde*, il proclame l'agrément et l'enjouement extrêmes de son style, sous lequel, dit-il, il cachait l'absurdité de quelques-unes de ses inventions. Mais s'il juge avec bienveillance le prince des beaux esprits, il est impitoyable pour la monnaie du grand homme, et pour tous ceux qui s'ingéniaient à imiter ses défauts bien plus que ses qualités :

> ... A moins d'être au rang d'Horace ou de Voiture,
> On rampe dans la fange avec l'abbé de Pure....

> Si je veux d'un galant dépeindre la figure,
> Ma plume pour rimer trouve l'abbé de Pure !

Il est aussi fort sévère pour un malheureux auteur qui ne méritait « ni cet excès d'honneur ni cette indignité ». René Le Pays, directeur des gabelles en Dauphiné, avait acquis par ses lettres galantes et ses petits vers une réputation qui était allée jusqu'à Paris ; ses *Amitiés, amours et amourettes,* valent certainement mieux que la plupart des sornettes qu'on imprimait alors dans le même goût : on peut seulement regretter que l'auteur ait dépensé tant d'esprit sur un si frivole sujet. Boileau s'attaqua un peu lourdement à ce « singe de Voiture », comme on l'appelait, et le traita de bouffon : ce qui lui attira une réponse fort jolie de ce bel esprit de province.

Mais ce n'était qu'une escarmouche insignifiante : avec l'abbé Cotin la lutte fut plus vive ; elle est restée célèbre et a immortalisé le nom de la victime. A quoi ont tenu pourtant tous les malheurs du pauvre abbé ! C'est bien par hasard que Boileau mit son nom dans ses satires : comme un hémistiche lui manquait, Furetière lui souffla malicieusement : « Vous voilà bien embarrassé : que ne placez-vous là l'abbé Cotin ! » Et Boileau écrivit :

> Si l'on n'est plus au large assis en un festin
> Qu'aux sermons de Cassagne et de l'abbé Cotin.

Cassagne passe pour en être mort de chagrin, enfermé à l'hôpital des fous ; mais comme sa mort ne survint que treize ans plus tard, elle ne chargea pas d'un trop grand poids la conscience de Boileau. Cotin eut la malheureuse idée de riposter. Il se disait avec quelque apparence de raison qu'il n'était pas le premier venu, qu'il avait été aumônier du roi, qu'il avait prêché treize carêmes à la cour ou dans les principales églises de Paris, devant des flots d'auditeurs nullement imaginaires, qu'il était depuis 1655 un des membres influents de l'Académie française, qu'il savait tourner fort agréablement les petits vers « doux, tendres et langoureux », et qu'en somme, pour se consoler des attaques d'un petit poète satirique, il avait l'estime tout à fait singulière de Chapelain, le meilleur juge des beaux esprits, et le grand distributeur des pensions : « Cotin a beaucoup d'esprit et de savoir..., il est bon philosophe, moral et logicien. Il écrit facilement, purement et éloquemment, aussi bien en vers qu'en prose, et a l'air du monde et de la conversation. Il a publié beaucoup d'ouvrages de galanterie et de piété avec une approbation égale, etc...» Cotin riposta donc par la *Critique désintéressée des satires du temps*, et par la *Satire des satires*, où il appelait Despréaux Desviperaux, l'accusait d'être un parasite, un ivrogne,

> Qui va chercher son pain de cuisine en cuisine,

un bateleur, et lui rappelait charitablement

> Que le destin des satiriques
> Est de mourir le cou cassé
> Et vivre le coude percé :

« Ce qui signifie que s'ils ne sont assommés sur l'heure, il leur est comme fatal de vivre pauvres et misérables. » Puis, comme s'il n'avait pas assez d'un ennemi sur les bras, le belliqueux abbé s'en prit aussi à Ménage, contre lequel il fit la *Ménagerie*.

et à Molière. Il devait expier chèrement une pareille imprudence. Boileau doubla et tripla la dose, et le ridicule de Cotin traîné de satire en satire fait encore, après deux cents ans, la joie des écoliers d'aujourd'hui. La satire VIII et surtout la IXe sont farcies de plaisanteries à l'adresse du pauvre homme, que Boileau a réussi à « faire siffler chez nos derniers neveux » ; le poète et le prédicateur sont également maltraités :

> Il met chez lui voisins, parents, amis en fuite ;
> Tout jusqu'à sa servante est prêt à déserter....
> Cotin à ses sermons traînant toute la terre
> Fend les flots d'auditeurs pour aller à sa chaire. ...
> Qui méprise Cotin n'estime point son roi,
> Et n'a, selon Cotin, ni Dieu, ni foi, ni loi.....

Pour comble de malheur, Molière le mit tout vivant à la scène et l'exposa aux risées du public sous les traits de l'immortel Trissotin, primitivement nommé Tricotin : faut-il rappeler le rôle ridicule et piteux qu'il lui prête, ce sonnet authentique *sur la fièvre de la princesse Uranie*, qu'il met dans sa bouche, et jusqu'au vers cruel dont le cingle Vadius pour raviver une blessure encore saignante :

> Oui, oui, je te renvoie à l'auteur des *Satires!*

C'en était trop : le pauvre Cotin n'osa plus se montrer et ne répondit pas : quand il mourut, c'est à peine si son successeur fit son éloge à l'Académie. Il semble que Boileau ait éprouvé plus tard quelques remords d'avoir si complètement triomphé. Dans la préface de l'édition de 1701, il console ainsi les mânes de quelques-unes de ses victimes : « Je veux bien aussi avouer qu'il y a du génie dans les écrits de Saint-Amant, de Brébeuf, de Scudéry, de *Cotin même* et de plusieurs autres que j'ai critiqués.... » Cotin, du génie ! et c'est Boileau qui le dit ! « Trop est trop », comme dit Mme de Sévigné, et c'est le cas de rappeler le mot de M. de Lamoignon à Boileau, au sujet de sa réconciliation avec Perrault : « De grâce ! si jamais nous nous brouillons, ne m'écrivez pas de lettre de raccommodement : vos réparations sont plus à craindre que vos injures. »

L'abbé Cotin avait payé pour beaucoup d'autres, c'est-à-dire pour tous les petits poètes galants qui pullulaient dans les ruelles ; mais il n'était pas par lui-même un adversaire bien redoutable. En s'attaquant à Quinault, Boileau engageait une partie plus dangereuse. C'était, en effet, un poète bien charmant et bien séduisant que ce jeune Philippe Quinault, sorti de la boutique de boulanger de son père pour s'attacher à Tristan l'Hermite, et devenu lui-même, avant qu'il eût atteint l'âge de vingt-cinq ans, le poète à la mode, recherché des grands seigneurs et choyé des dames. « Il était bien fait de sa personne, d'une taille élevée ; il avait les yeux bleus, languissants et à fleur de tête, les sourcils clairs, le front élevé, large et uni ; le visage long, l'air mâle, le nez bien fait, et la bouche agréable, la physionomie d'un parfaitement honnête homme ! Il avait plus d'esprit qu'on ne pouvait dire, adroit et insinuant, tendre et passionné... La passion qui le dominait le plus était l'amour... » C'était bien l'auteur qui convenait à cette société désœuvrée, qui faisait de la galanterie la grande occupation de la vie. A dix-huit ans il avait déjà trouvé sa voie en faisant jouer à l'hôtel de Bourgogne une comédie romanesque, où il n'était question que d'*aimables objets*, d'*adorables*

PHILIPPE QUINAULT
d'après une reproduction de la Bibliothèque Nationale.

merveilles. Dès lors il ne connut que des succès ; la *Mort de Cyrus* fut reçue comme un chef-d'œuvre ; *Astrate, roi de Tyr*, ravit surtout les suffrages : jamais la tragédie n'avait parlé encore une langue plus subtile et plus molle, et ne s'était laissé aller à de plus voluptueuses langueurs : cette même année, Racine débutait par la *Thébaïde*, et le vieux Corneille, resté debout et solitaire dans son idéal héroïque, se plaignait que la « seule tendresse fût toujours à la mode » ! Boileau, bien qu'il eût le même âge que Quinault, goûtait fort peu ce débordement de poésie doucereuse, et il dirigea avec impétuosité les traits de sa satire contre l'heureux poète, sans songer qu'en l'attaquant il heurtait du même coup le goût de toutes les femmes :

> Si je pense exprimer un auteur sans défaut,
> La raison dit Virgile, et la rime Quinault....
> Les héros chez Quinault parlent bien autrement,
> Et jusqu'à *Je vous hais*, tout s'y dit tendrement....
> . . . . . Avez-vous lu l'*Astrate* ?
> C'est là ce qu'on appelle un ouvrage achevé.
> Surtout l'anneau royal me semble bien trouvé !

Voltaire a beaucoup reproché à Boileau ces attaques contre Quinault, qui, en dépit de ses défauts, se trouve être un charmant poète, et nous a laissé une comédie (*la Mère coquette*) et des opéras qui le recommandent auprès de la postérité. Mais il faut reconnaître que ces critiques datent toutes d'une époque où Quinault n'avait fait encore que des tragicomédies. Il était alors du devoir de Boileau de protester contre l'envahissement de la galanterie et de la fadeur qui menaçait de corrompre toute la poésie. A la vérité, il n'a pas aimé davantage les opéras, et, dans un vers célèbre de la X⁰ satire, il a qualifié durement

> .... Ces lieux communs de morale lubrique
> Que Lulli réchauffa des sons de sa musique.

Mais s'il n'approuvait pas le genre, il rendit du moins justice au poète et s'exprima ainsi sur son compte dans la préface de 1683 : « Dans le temps où j'écrivis contre M. Quinault, nous étions tous deux fort jeunes, et il n'avait pas fait alors beaucoup d'ouvrages qui lui ont dans la suite acquis une juste réputation. »

Rien ne passionna davantage Boileau que cette lutte contre le romanesque et le faux, où il voyait l'écueil le plus dangereux de la littérature de son temps. Aussi ne se contenta-t-il pas de cribler de ses traits de satire les Cotin et les Quinault : il résolut d'attaquer le mal dans la racine et de s'en prendre à la source même de la contagion, c'est-à-dire aux romans. Sur ce chapitre, il semble partager l'opinion que Molière a si plaisamment exprimée à la fin des *Précieuses* : « Et vous, qui êtes cause de leur folie, sottes billevesées, pernicieux amusements des esprits oisifs, romans, vers, chansons, sonnets et sonnettes, puissiez-vous être à tous les diables ! » Boileau, du moins, sut revêtir cet avis d'une forme plus littéraire que n'avait fait le bonhomme Gorgibus : mais telle est bien la pensée qui a dicté l'amusant *Dialogue des Héros de roman*. Boileau y achevait la déroute de ces précieuses,

> Restes de ces esprits jadis si renommés
> Que d'un coup de son art Molière a diffamés.

Il nous explique, dans la préface écrite quarante

ans après, comment il a été amené à composer ce dialogue. Il avait commencé, comme tous les jeunes gens, par lire les romans que le succès de l'*Astrée* avait fait pulluler, ceux de Mlle de Scudéry, ceux de La Calprenède, et tous les autres, et par les considérer comme des chefs-d'œuvre de notre langue :

« Mais enfin mes années s'étant accrues, et la raison m'ayant ouvert les yeux, je reconnus la puérilité de ces ouvrages ; si bien que, l'esprit satirique commençant à dominer en moi, je ne me donnai point de repos que je n'eusse fait contre ces romans un dialogue à la manière de Lucien, où j'attaquais non seulement leur peu de solidité, mais leur afféterie précieuse de langage, leurs conversations vagues et frivoles, les portraits avantageux faits à tout bout de champ de personnes de très médiocre beauté et quelquefois laidet par excès, et tout ce long verbiage d'amour qui n'a poins de fin. »

Il terminait en disant que, sous le voile d'une fiction badine et folle, il donnait peut-être au public « le moins frivole ouvrage qui fût encore sorti de sa plume. » Il a tenu en effet cette promesse, et le *Dialogue des Héros de roman* reste encore après deux cents ans une excellente leçon de goût, doublée d'une agréable comédie.

La scène est aux Enfers. Au début, Minos et Pluton devisent entre eux des événements qui se passent dans ces souterraines régions ; ils sont tous deux de fort méchante humeur. Minos a été importuné toute la matinée par un maudit harangueur qui a fait une interminable plaidoirie ; Pluton est fort monté contre les ombres : « Depuis longtemps il n'en est pas venu une seule qui ait le sens commun... Les morts parlent tous un certain langage qu'ils appellent galanterie, et quand nous leur témoignons, Proserpine et moi, que cela nous choque, ils nous traitent de bourgeois et disent que nous ne sommes pas galants. » Arrive Rhadamante tout essoufflé il était allé dans le Tartare pour y voir entrer le lieutenant criminel Tardieu et sa digne épouse : « Il fallait bien qu'elle suivît son mari : il n'aurait pas été bien damné sans elle ! » et il cite maint trait d'avarice de cet illustre couple : Tardieu faillit se faire tuer une seconde fois pour une obole qu'il ne voulait pas payer à Caron, et sa femme à peine débarquée a déjà volé la quenouille de Clothon : Boileau préludait par ces plaisanteries à la magistrale peinture qu'il devait donner, trente ans plus tard, dans la Xe satire. Mais Rhadamante apporte des nouvelles bien autrement graves : les criminels se sont révoltés dans le Tartare : Prométhée se promène avec son vautour sur le poing, et Tantale est ivre comme une soupe. Pluton fait lâcher Cerbère, demande l'artillerie de son frère Jupiter, et en attendant fait venir les principaux héros des Enfers, pour les prier de lui venir en aide. Ces héros vont défiler sous les yeux de Pluton et de Diogène, qui vont un peu jouer le même rôle que les *compères* dans nos revues des boulevards.

Cyrus (1) se présente le premier. Le voici ce grand roi qui a gagné tant de batailles, et envoyé jadis trente ou quarante mille hommes par jour aux Enfers : il s'avance nonchalamment appuyé sur son écuyer Féraulas.

Diogène. — Au moins, ne l'allez pas appeler Cyrus.
Pluton. — Pourquoi ?

(1) *Artamène ou le grand Cyrus*, roman en 10 volumes, par Mlle de Scudéry (1649-1653).

D. — Ce n'est plus son nom. Il s'appelle maintenant Artamène.

P. — Artamène ! Et où a-t-il pêché ce nom-là ? Je ne me souviens point de l'avoir jamais lu.

D. — Je vois bien que vous ne savez pas son histoire.

P. — Qui ? moi ? Je sais aussi bien mon Hérodote qu'un autre.

D. — Oui : mais avec tout cela, diriez-vous bien pourquoi Cyrus a tant conquis de provinces, traversé l'Asie, la Médie, l'Hyrcanie, la Perse, et ravagé enfin plus de la moitié du monde ?

P. — Belle demande ! C'est que c'était un ambitieux, qui voulait que toute la terre lui fût soumise.

D. — Point du tout. C'est qu'il voulait délivrer sa princesse qui avait été enlevée.

P. — Quelle princesse ?

D. — Mandane.

P. — Mandane ?

D. — Oui, et savez-vous combien elle a été enlevée de fois ?

P. — Où veux-tu que je l'aille chercher ?

D. — Huit fois.

P. — Voilà une beauté qui a passé par bien des mains !

D. — Cela est vrai : mais tous ses ravisseurs étaient les scélérats du monde les plus vertueux.

Pluton fait approcher Cyrus, et ne peut tirer de lui que des gémissement et des exclamations comme celles-ci : « Eh ! divine princesse !... Ah ! injuste Mandane !... Servirons-nous une insensible ? adorerons-nous une inexorable ? » Pluton chasse ce grand pleureur, qui, au lieu de combattre, a hâte de se faire raconter l'histoire d'Amestris et d'Aglatidas.

Voici maintenant Tomyris, cette reine sauvage des Massagètes, qui fit plonger la tête de Cyrus dans un vaisseau de sang humain (1). Elle s'avance en pleur-

(1) *La mort de Cyrus*, tragédie de Quinault, 1656.

nichant, très émue de la perte de ses tablettes qu'elle fait chercher partout.

Pluton. — Qu'y avait-il donc de si précieux dans vos tablettes, grande reine ?
Tomyris. — Un madrigal que j'ai fait ce matin pour le charmant ennemi que j'aime.
Minos. — Hélas ! qu'elle est doucereuse !

Puis vient ce grand borgne d'Horatius Coclès, qui ne fait que chanter sur un air du Savoyard une chanson qu'il a faite pour Clélie (1).

> Et Phénisse même publie
> Qu'il n'est rien plus beau que Clélie !

C'est un impromptu où il raille agréablement une dame de Capoue qui était jalouse de la beauté de Clélie. Mais Clélie elle-même apparaît à son tour : cette noble fille, qui passa jadis le Tibre à la nage pour échapper aux soldats de Porsenna, a la tête troublée par son amour pour Aronce, et fait à Pluton un cours de géographie galante sur les villages de Petits-Soins, de Billets-Doux et de Billets-Galants, et sur les trois sortes de Tendre : Tendre sur Estime, Tendre sur Inclination, et Tendre sur Reconnaissance. Pluton exaspéré lui répond que tous ces endroits-là doivent être bien près d'un autre, qui est les Petites-Maisons. — Lucrèce n'est pas plus sage : cette farouche héroïne, qui était jadis entrée aux enfers toute sanglante et tout échevelée, tenant à la main le poignard dont elle venait de venger l'offense faite à sa chasteté, n'est plus occupée qu'à fabriquer des devi-

---

(1) *Clélie, histoire romaine,* roman en 10 volumes, par Mlle de Scudéry, 1656.

nettes d'amour pour Brutus, qui les déchiffre, et y répond par quelque autre galimatias.

Enfin paraît la fameuse Lesbienne, Sapho en personne, dont la simple vue arrache à Pluton ce cri : « On me l'avait dépeinte si belle ! Je la trouve bien laide » (1) ! Elle propose à Pluton quelqu'un de ces problèmes de métaphysique galante, qu'on avait l'habitude de débattre le samedi chez Mlle de Scudéry : « L'amitié est-elle capable de tendresse aussi bien que l'amour ? » et elle lit un portrait qu'elle a composé de Tisiphone, où cette effroyable Euménide est dépeinte avec une grande dépense d'adverbes comme la personne la plus belle et la plus vertueuse. Pluton assiste ensuite au défilé des héros des romans et des tragédies à la mode, parmi lesquels il distingue l'*Astrate* de Quinault et l'*Ostorius* de l'abbé de Pure. Voici une héroïne, à la démarche lourde et pesante, dans laquelle il a peine à reconnaître la vaillante fille qui délivra la France du joug des Anglais : c'est pourtant Jeanne la Pucelle ; mais elle baragouine on ne sait quel jargon bas-breton ou allemand que lui a enseigné un poète chez qui elle est restée quarante ans durant en pension : « Ce n'est pourtant pas manque d'avoir été bien payé et d'avoir exactement touché ses pensions. » Après avoir encore interrogé Dunois et Pharamond, Pluton n'y tient plus : il fait entourer et dépouiller ces prétendus héros : un Français, que Mercure vient d'amener aux Enfers, pousse un cri de surprise, et reconnaît en eux, une fois qu'ils sont démasqués, des bourgeois de son quartier. Pluton ordonne qu'ils soient tous fustigés et jetés la tête la première au plus pro-

(1) Allusion au portrait que Mlle de Scudéry avait fait d'elle-même sous le nom de Sapho : n'oublions pas qu'elle était, en effet, fort laide.

fond de l'eau du Léthé, eux et tous les volumes où sont racontées leurs histoires. Les malheureux héros s'en vont chargés d'escourgées, et crient d'un ton lamentable : « Ah! La Calprenède ! Ah! Scudéry ! » Et Pluton fatigué va faire un somme.

Composé en 1664, ce dialogue ne fut publié que longtemps après, en 1710 : l'auteur n'avait pas voulu « donner ce chagrin à une fille qui après tout avait beaucoup de mérite, et qui avait encore plus de probité et d'honneur que d'esprit. » Mais s'il ne fut pas imprimé alors, il courut en manuscrit, et eut un grand succès ; Boileau, qui avait un grand talent de lecture, le récitait dans les sociétés ; et si Mlle de Scudéry eut la consolation de n'en point voir de copies imprimées, du moins la vogue de ses romans en fut durement atteinte.

Aujourd'hui que la littérature du xviie siècle est reculée dans le passé, et que nous pouvons juger à distance les hommes et les œuvres, nous reprocherions volontiers à Boileau d'avoir déployé une excessive sévérité contre ces productions qui ne sont point si méprisables après tout, et auxquelles nous trouvons encore quelque charme. L'*Astrée*, d'où ont découlé tant de romans et tant de comédies durant quarante ans, est souvent d'une invention charmante, et, n'était sa longueur, ne mérite pas les dédains dont on l'a accablée. Le *Cyrus* même et la *Clélie* ne sont pas, à les regarder de près, aussi ridiculement faux ni aussi mortellement ennuyeux que Boileau l'a prétendu : ces héros chevaleresques et amoureux ne ressemblent pas, à vrai dire, aux Mèdes, aux Perses, ou aux Romains dont ils portent les noms : « Non sans doute, Mlle de Scudéry n'a point fidèlement représenté le Cyrus de l'histoire : mais, de grâce, prenez garde qu'elle n'y a jamais songé. Au lieu du Cyrus de la Bible, d'Hérodote ou de Xénophon, qu'elle ne connaissait guère, elle a peint le Cyrus qu'elle avait sous les yeux, le héros qui éblouissait son siècle de l'éclat de ses victoires.., le prince de Condé en sa brillante jeunesse... Elle l'a peint tel qu'il était à la fleur de son âge, fort galant, et, tout en pensant à sa belle maîtresse, prenant des villes et gagnant des batailles (1) »... Ces romans tant raillés n'ont jamais eu la prétention d'être des romans historiques, mais bien plutôt des romans de mœurs; ils nous présentent l'image de la société polie et galante du temps de la Fronde. Oui, tout cela est vrai, et nous avons le droit de le dire aujourd'hui, encore qu'il ne faille pas entreprendre, à la façon de M. Cousin, une apologie trop complète de ces interminables romans. Mais Boileau en 1664 n'avait pas à faire toutes ces distinctions : il suffisait que le romanesque menaçât de gâter toute la littérature, pour que le satirique prît les armes, et confondît tous les romans, les moins mauvais comme les pires, dans une même condamnation. Et, de fait, le péril était grand : partout dans la poésie la galanterie était à la place de l'amour, c'est-à-dire le faux à la place du vrai. Le théâtre surtout en était infesté. En vain Corneille en gémissait, lui-même il ne résistait guère à l'entraînement général, et, pour rattraper la faveur du public, se laissait aller à peindre des Agésilas et des Attila doucereux. Chez Racine même, où pourtant la nature et la passion vont retrouver leurs droits, il est aisé de démêler quelques traces

---

(1) V. Cousin. *La Société française au XVIIe siècle, d'après le Grand Cyrus de Mlle de Scudéry.*

du mauvais goût de l'âge précédent ; on en découvrirait aussi chez La Fontaine. Il était donc de toute nécessité que Boileau vînt consommer la déroute des romans qu'avait commencée Molière ; il fallait qu'il frappât fort, avec injustice même, et qu'il dépouillât la poésie de ce charme dangereux qui masquait la nature : il y allait du succès même de toute sa réforme ; le *Dialogue sur les Héros de roman* est une des assises sur lesquelles devait se fonder *l'Art poétique*.

V.

LUTTE CONTRE LES PARTISANS DES MODERNES.

En combattant les poètes emphatiques, burlesques ou précieux, Boileau s'attaquait à des adversaires souvent redoutables, mais contre lesquels il suffisait de beaucoup de courage et de bon sens. La lutte qu'il eut à soutenir, quelques années plus tard, contre les partisans des modernes fut autrement difficile. Derrière les questions de personnes se trouvait une question de doctrine très délicate, et très controversée, où il lui était périlleux de s'engager trop à fond et où il ne devait peut-être pas avoir le dernier mot. Se déclarer pour les anciens, n'était-ce pas, au moins en apparence, prendre parti contre l'excellence du siècle de Louis le Grand, contre la gloire des Racine et des Molière et contre la sienne propre ? C'était plaider peut-être la plus juste des causes, mais à coup sûr aussi la plus ingrate et la plus féconde en équivoques et en malentendus. Boileau eut du moins le courage, que n'aura pas plus tard Fénelon, de se jeter avec impétuosité dans la mêlée, et d'arborer franchement son drapeau.

La querelle des anciens et des modernes est presque aussi vieille que le monde : car, si elle ne date pas du premier homme, elle a pu dater du second, qui s'est peut-être demandé : faut-il imiter ou innover ? L'esprit ancien et l'esprit nouveau soufflent tour à tour ou se combattent dans toutes les institutions humaines, et cette vieille dispute, qui n'est pas près d'être épuisée, renaît dans la littérature de chaque peuple toujours plus vive, semble-t-il, et plus acerbe. Tant que l'antiquité fut peu connue en France, ou que nos écrivains ne cherchèrent dans les vieux auteurs que des contributions à la science et à la philosophie, la question sembla sommeiller. Mais elle se posa brusquement le jour où la Pléiade, non contente de considérer les écrivains grecs et latins comme des sujets d'études ou de traductions, les proposa directement à l'imitation de nos poètes, et déclara que tout l'effort des esprits devait tendre à s'inspirer de ces modèles impeccables. Ce jour-là s'ouvrit vraiment en France la période aiguë de la querelle des anciens et des modernes, où Boileau devait jouer un rôle important et continuer, sans s'en douter, la tradition de ce Ronsard tant décrié. Mais, dans l'intervalle, le principe de l'imitation des anciens avait déjà reçu quelques rudes atteintes. Les philosophes avaient répété et développé à l'envi la fameuse définition de Bacon, que « c'est à la vieillesse du monde et à son âge mûr qu'il faut attacher ce nom d'antiquité ; or la vieillesse du monde, c'est le temps où nous vivons, et non celui où vivaient les anciens, qui en était la jeunesse. » Fort de l'exercice de sa seule raison, Descartes avait préché bien haut le mépris et l'oubli de l'antiquité, et prétendu qu'« il n'est pas plus du devoir d'un honnête homme de savoir le grec et le latin, que le suisse ou le bas-breton ». Ses disciples La Mothe Le Vayer et Malebranche renchérissaient sur l'opinion du maître, et Pascal reprenait à double titre, comme cartésien et comme janséniste, la thèse du perfectionnement progressif de l'esprit humain. Dans la poésie même, on avait pu noter bien des marques d'irrévérence à l'adresse de la sainte antiquité : Malherbe avait le premier parlé du galimatias de Pindare ; Scarron et les burlesques avaient raillé les dieux de l'Olympe et travesti sans vergogne cette œuvre si pure, l'*Enéide*. Boisrobert enfin avait osé en pleine Académie traiter Homère de chanteur de carrefours, et mettre en garde ses contemporains contre l'admiration excessive des vieux auteurs. Mais le premier qui formula nettement les revendications des modernes, ce fut Desmarets de Saint-Sorlin.

On connaît l'opinion fameuse que professa sur les poètes anciens ce farouche ennemi de toute hérésie : Homère, Virgile et tous les écrivains les plus loués de l'antiquité n'ont pu être vraiment de grands poètes, parce qu'ils n'étaient pas chrétiens ; les démons habitaient en eux, et n'ont pu leur inspirer que l'erreur ; que perdons-nous notre temps à admirer les païens et à les imiter, alors que nous avons à notre portée la source la plus pure de la poésie, source unique et suffisante, qui est l'Evangile ? « Il n'y a ni roman, ni poème héroïque dont la beauté puisse être comparée à celle de la sainte Ecriture, soit en diversité de narration, soit en richesse de matières, soit en magnificence de descriptions, soit en tendresses amoureuses, soit en abondance, en délicatesse et en justesse d'expressions figurées (1). » Ce n'est pas le lieu de discuter ce jugement qui contient à la fois tant de vérité et tant d'erreur; Desmarets, dans son fanatisme de converti, se méprenait absolument sur ce qui est l'essence de la poésie et sur ce qui en fait l'éternel objet ; d'autre part, il ouvrait à l'imagination des poètes un champ singulièrement riche et inexploré : on s'en apercevra un siècle et demi plus tard, quand Chateaubriand reprendra la même thèse dans le *Génie du christianisme* et l'ornera de toutes les séductions de son style. Boileau n'y regarda pas de si près : il ne considéra que deux choses : que le *Clovis*, pompeusement présenté par Desmarets comme le *plus beau poème de la France*, était exécrable, et que les anciens étaient menacés dans leur gloire. Contre le *Clovis* il lui suffit de quelques épigrammes; quant à la théorie de la poésie chrétienne, il la réfuta dans un passage célèbre de *l'Art poétique*.

C'est contre les Perrault qu'il livra la vraie bataille. Ils étaient quatre frères, habiles, intelligents, aptes à tout, semble-t-il ; Pierre était avocat et financier, Claude architecte et médecin, Nicolas docteur en Sorbonne, Charles, le plus célèbre, réunit à lui seul à peu près tous ces talents, et en joignit d'autres plus brillants encore. Boileau avait déjà eu maille à partir avec Pierre, qui l'avait directement attaqué dans la préface d'une traduction de Tassoni, et avec Claude, qui avait pris trop chaudement la défense de Quinault : c'est à Claude que se rapporte la métamorphose du médecin de Florence en architecte au début

---

(1) *Délices de l'esprit* (préface).

du IV° chant de *l'Art poétique*, et quelques épigrammes plus violentes que légères : quelques années plus tard, Boileau devait galamment le traiter d'*assassin*. Charles était un adversaire plus sérieux. Parfait honnête homme, il joignait à une grande urbanité de manières une réelle distinction d'esprit : outre ses *Parallèles*, n'a-t-il pas laissé une œuvre charmante, les *Contes*, qui le recommande encore aujourd'hui après deux cents ans par la bouche de tous les petits enfants de France ? Dès sa jeunesse, il avait montré un caractère indépendant qui annonçait sa future révolte contre l'autorité des anciens : il s'était enfui du collège de Beauvais avec un de ses camarades, et avait complété à sa guise son instruction, loin de la férule des régents ; au moment de la grande vogue du burlesque, il avait composé une parodie du VI° livre de l'*Énéide*. Dans la suite, il avait été commis de Colbert et préposé au style des inscriptions. Ce n'est que sur le tard, à l'âge de soixante ans, qu'il suscita cette grande querelle, qui devait si fort irriter le « législateur du Parnasse ».

Voici comment la chose arriva. Le 27 janvier 1687, Perrault lut à l'Académie, à l'occasion de la convalescence du roi, un poème sur le siècle de Louis le Grand où il célébrait la gloire des grands écrivains de son règne, au détriment de celle des auteurs grecs et latins.

> La sainte antiquité fut toujours vénérable ;
> Mais je n'ai jamais cru qu'elle fût adorable.
> Je vois les anciens sans plier les genoux ;
> Ils sont grands, il est vrai, mais hommes comme nous.

Puis, comparant le siècle de Louis à ceux de Périclès et d'Auguste, il portait sur Homère un jugement

CHARLES PERRAULT
d'après une reproduction de la Bibliothèque Nationale.

singulièrement hardi, bien qu'il le fît précéder d'un éloge qui ressemble à une précaution oratoire :

> Vaste et puissant génie, inimitable Homère,
> D'un respect infini ma muse te vénère...
> Cependant...

Cependant.... la composition de l'*Iliade* est si lâche, les caractères si mal dessinés, les mœurs si grossières, le style si traînant, que cet inimitable Homère radote, ou peu s'en faut :

> Horace te fait grâce en disant que tu dors !

Après cette belle critique, Perrault, invoquant la permanence des forces de la nature qui conserve au soleil tout son éclat, aux roses le même incarnat, aux lis la même blancheur depuis tant de siècles écoulés, concluait que les Regnier, les Maynard, les Gombauld, les Malherbe, les Godeau, les Racan, les Corneille,

> Les galants Sarrazins et les tendres Voiture,
> Les Molière naïfs, les Rotrou, les Tristan
> Et cent autres encor...

valaient bien ces Grecs et ces Latins trop admirés.

Perrault nous a raconté dans ses *Mémoires* quelle irritation manifesta Boileau, et comment, « après avoir grondé longtemps tout bas, il se leva dans l'Académie, et dit que c'était une honte qu'on fît une telle lecture, qui blâmait les plus grands hommes de l'antiquité. M. Huet lui dit de se taire, et qu'ils n'étaient là que pour écouter... » Rentré chez lui, il n'y tint plus, et il exhala dans des épigrammes un peu lourdes sa mauvaise humeur contre l'Académie, qui se faisait complice d'un tel scandale.

> Où peut-on avoir dit une telle infamie ?
> Est-ce chez les Hurons, chez les Topinambous ?
> — C'est a Paris. — C'est donc dans l'hôpital des fous ?
> — Non, c'est au Louvre, en pleine Académie.

Quels étaient ces académiciens que Boileau se plut à traiter plusieurs fois de *Topinambous ?* C'était Perrault, naturellement, puis Thomas Corneille, embrigadé parmi les modernes, à cause de son nom et de la gloire de Racine, Fontenelle, qui allait être reçu peu après, qui devait composer sa jolie *Digression sur les Anciens et les Modernes*, l'abbé Lavau, créature de Colbert, le gros Charpentier, Boyer et Leclerc, et bien d'autres qui se souvenaient des *Satires*. Les anciens n'étaient guère représentés que par Boileau, Racine, La Fontaine, Huet; Bossuet restait à l'écart : bien que son éloquence fût par bien des côtés fille de l'antiquité, il éprouvait quelque scrupule à trop louer ces païens, dans les fictions desquels il trouvait un grand creux ; quant à La Bruyère, il ne devait être de l'Académie qu'en 1693, et Dacier en 1695. Les anciens, comme on voit, pouvaient se rattraper sur la qualité ; mais numériquement ils étaient les plus faibles. Boileau ne pardonna jamais à l'Académie d'avoir déserté son devoir, et treize ans plus tard, alors que la querelle semblait apaisée, il écrivait à Brossette que l'Académie n'était composée, « à deux ou trois hommes près, que de gens du plus vulgaire mérite et qui ne sont grands que dans leur propre imagination. C'est tout dire qu'on y opine du bonnet contre Homère et contre Virgile, et surtout contre le bon sens, comme un ancien, beaucoup plus ancien qu'Homère et que

Virgile... L'Académie de Lyon n'aura pas grand'-peine à surpasser en mérite celle de Paris... »

Le grand tort qu'eut Boileau durant toute cette querelle fut de ne pas garder son sang-froid : il était alors très souffrant ; cette même année, il alla chercher aux eaux de Bourbon-l'Archambault un soulagement qu'il trouva bien imparfait : tous ces démêlés qui venaient troubler sa quiétude, après les *Satires*, après *l'Art poétique*, alors qu'il croyait avoir gagné la bataille, l'aigrissaient et le déconcertaient. Il le montra bien à plusieurs reprises.

En 1688 commença la publication des *Parallèles* de Perrault. C'était un dialogue, où un Président, défenseur des anciens, et un Abbé, champion des modernes, dissertaient agréablement devant un Chevalier qui était juge du camp, mais qui penchait manifestement vers les modernes. Dans cet ouvrage remarquable, Perrault reprenait et confirmait la thèse qu'il avait ébauchée dans son poème du *Siècle de Louis le Grand*. Tout d'abord il faisait profession d'admirer beaucoup les anciens, mais sans idolâtrie ; à tout prendre, il leur préférait les livres sacrés. Il proclamait bien haut que la nature avait dû de tous temps produire les mêmes génies, de même qu'elle produit les mêmes fleurs et les mêmes fruits, et que les modernes, égaux en génie aux anciens, doivent les surpasser de tous les progrès que l'esprit humain a faits depuis tant de siècles ; ils sont plus grands, parce qu'ils peuvent profiter de toute l'expérience acquise et des trésors accumulés ; ceux qui perfectionnent une œuvre sont toujours plus habiles que ceux qui l'inventent ; car l'invention dépend souvent du hasard de la priorité. Perrault ne se gênait pas pour critiquer les anciens les plus fameux, Homère, dont il mettait même en doute l'existence plus de cent ans avant les *Prolégomènes* de Wolf, Pindare, au sujet duquel il contait la jolie histoire du président Morinet et de sa femme, Virgile, Lucain, et d'autres encore : il en venait jusqu'à alléguer qu'on pouvait bien mieux en juger sur une traduction que par le texte, et que c'était la vraie pierre de touche pour les estimer. Puis il entremêlait à ces critiques des anciens des éloges adroitement distribués aux modernes, à Boileau même, chez qui on trouve « une infinité de choses de son invention très excellentes, et beaucoup meilleures que celles qu'il a tirées d'Horace. » Il protestait contre les violences injustes de ses adversaires :

> L'agréable dispute où nous nous amusons
> Passera sans finir jusqu'aux races futures.
> Nous dirons toujours des raisons.
> Ils diront toujours des injures.

Il montrait enfin, avec infiniment d'esprit, combien il méritait peu le reproche d'envie que ses adversaires lui jetaient à la face. « Jusqu'ici on avait cru que l'envie s'acharnait sur les vivants et épargnait les morts. » Le seul crime de Perrault est de « trouver que les anciens auteurs, tout habiles qu'ils étaient, ont fait des fautes où les modernes ne sont pas tombés, et de louer par conséquent les ouvrages de ses confrères, et de les proposer comme des modèles aussi beaux, et presque toujours plus corrects, que la plupart de ceux qui nous restent de l'antiquité. » C'était se donner assurément le beau rôle, et mêler très habilement à l'idée du progrès, qui est toujours chère à la raison humaine, une question d'amour-propre national, et de glorification du siècle de

Louis XIV. En louant Racine et Boileau malgré eux, Perrault s'assurait au moins dans cette lutte l'avantage de la courtoisie.

Boileau ne fut pas sensible à ces procédés trop habiles, et redoubla ses attaques. Dans la dixième satire, il fit le portrait d'une femme à la fois ignorante et pédante, entêtée également de Chapelain et de Perrault. Le *Saint Paulin*, dit-il,

> Pourrit, vingt fois encor moins lu que la *Pucelle*.

A quoi Perrault répondit par une *Apologie des femmes*, où il s'assurait les suffrages de ce sexe que s'était assez maladroitement aliéné Boileau. Puis ce fut l'*Ode sur la prise de Namur* qui servit de nouveau prétexte à la dispute : Boileau l'avait composée pour glorifier et imiter Pindare; et Perrault se donna le malin plaisir de prouver sans peine que si c'était là du Pindare, Pindare était bien ennuyeux, et l'ode bien mauvaise. S'il ne le dit pas franchement, il le laissa clairement entendre; et il prit occasion encore une fois pour exhorter Boileau au calme et à la modération : « Que si vous voulez absolument être en guerre avec moi, je voudrai ce qu'il vous plaira, pourvu que vous ne vouliez pas que je me fâche. » C'était le plus sûr moyen pour exaspérer Boileau, qui, cédant aux objurgations de ses amis, résolut de frapper un grand coup, et de mettre en déroute le parti des modernes par un ouvrage décisif. Ce furent les *Réflexions critiques sur quelques passages du rhéteur Longin*, dont il avait traduit le *Traité du sublime* vingt ans auparavant. Les neuf premières Réflexions sont dirigées contre Perrault, et tendent à prouver qu'il s'est trompé à maintes reprises dans ses appréciations sur les auteurs anciens. Boileau, à notre grand regret, n'entreprend aucune défense raisonnée des anciens; il ne condescend pas à discuter sur ce point, et le met pour ainsi dire au-dessus de tout débat: il se borne à montrer que Perrault a mal vérifié les textes, n'a pas compris Homère, a fait des contre-sens énormes, et s'est rendu coupable de *bévues*, *d'ignorance*, *d'ineptie ridicule;* ces gros mots reviennent à chaque page sous la plume de Boileau. Enfin, dans son désir de répondre au reproche de pédantisme, il renvoie cette accusation à son adversaire, et lui fait sentir qu'il y a pédant et pédant, et que la pire façon de l'être ne consiste peut-être pas à admirer les anciens, mais bien plutôt à traiter de haut en bas des écrivains que l'on comprend mal, et à vouloir décider de tout avec un fort médiocre savoir. Il reprenait donc ainsi l'offensive, et portait la guerre chez son ennemi; il signalait lourdement toutes les erreurs qu'il avait commises. Mais il se montrait par là bien plus préoccupé d'atteindre Perrault, que de plaider vraiment la cause des anciens; il était dit que dans cette lutte les injures remplaceraient trop souvent les raisons.

Le débat menaçait de s'éterniser, sans qu'on apportât de part et d'autre de nouveaux arguments, lorsqu'une voix vénérable vint prêcher aux deux adversaires la réconciliation : c'était celle du grand Arnauld, âgé de 82 ans, et retiré à Bruxelles. Perrault ayant cru habile d'envoyer à Arnauld l'*Apologie des femmes*, où il prenait vivement à partie Boileau dans la préface, le vieillard lui répondit par une lettre admirable, où il justifiait Boileau de toutes les hardiesses de la Xe satire, et où, élevant le débat, il donnait un large tribut d'éloges à l'œuvre entière du grand critique. Il adjurait Perrault de renoncer à ses attaques et d'avoir du respect pour le jugement du public, qui s'était hautement déclaré pour Boileau. « Tout ce que je puis faire, c'est de demander à Dieu qu'il vous donne à l'un et à l'autre cet esprit de charité et de paix qui est la marque la plus assurée des vrais chrétiens. » Boileau ne se tint pas de joie à la lecture de cette lettre, qui désavouait si nettement les attaques de Perrault : « Tout m'a charmé, ravi, édifié dans votre lettre », écrivait-il à Arnauld (1). Il fit proposer à Perrault une réconciliation par l'intermédiaire de Racine et de l'abbé Tallemant ; mais il y mettait comme condition formelle que la lettre d'Arnauld serait publiée. Perrault, froissé dans son amour-propre, refusa d'abord ; enfin il céda quatre jours avant la mort du grand Arnauld (4 août 1694) ; les deux adversaires se tendirent la main, et Boileau put dire dans une épigramme dont Pradon fit tous les frais :

> Tout le trouble poétique
> A Paris s'en va cesser ;
> Perrault l'antipindarique
> Et Despréaux l'homérique
> Consentent de s'embrasser.
> Quelque aigreur qui les anime,
> Quand, malgré l'emportement,
> Comme eux, l'un l'autre on s'estime,
> L'accord se fait aisément.
> Mon embarras est comment
> On pourra finir la guerre
> De Pradon et du parterre.

(1) Il s'écria plus tard avec orgueil dans une de ses épîtres (*Epître X*)

Arnauld, le grand Arnauld, fit mon apologie !

Boileau effaça le nom de Perrault et le titre du *Saint-Paulin* de ses satires, et Perrault s'abstint en revanche d'attaquer Boileau. Ils tinrent tous deux leur parole, et la trêve ne fut pas rompue ; la paix ne fut pourtant définitivement scellée que six années plus tard, en 1700. Alors Boileau se décida à écrire à Perrault une lettre vraiment amicale pour fixer le véritable point de la controverse qui les avait si longtemps divisés. Il daignait enfin discuter sérieusement la thèse de Perrault et indiquer nettement ce qu'il en admettait et ce qu'il en rejetait. Il protestait de sa propre admiration et de celle de tous ses contemporains pour les grands écrivains du xviie siècle, pour Malherbe, Racan, Maynard, Voiture, Sarasin, La Fontaine, Corneille, Racine, Molière, pour Perrault lui-même! Mais il maintenait que ces grands hommes s'étaient tous formés plus ou moins sur le modèle des anciens : ce sont, disait-il, les faux savants, les pédants en *us* qui font prendre en dégoût l'antiquité ; mais tous les hommes de vrai savoir et de bon goût l'aimeront toujours. Au reste, Boileau concédait que si le siècle de Louis le Grand ne surpasse pas l'antiquité tout entière, il surpasse du moins infiniment chacun des plus beaux siècles de cette antiquité, « pour la connaissance des beaux-arts, et pour le mérite des belles-lettres. » Il surpasse même, à tout prendre, le siècle d'Auguste autant que l'Auguste français l'emporte sur l'Auguste des Latins(1). C'était faire une

(1) Boileau montrait d'ailleurs avec un admirable bon sens et une clairvoyance presque impeccable ce qui, dans la littérature du xviie siècle, était assuré de vivre toujours, et ce qui était imparfait et caduc ; il précisait en ces termes la comparaison qu'il établissait avec le siècle d'Auguste : « Je commencerais par avouer sincèrement que nous n'avons point de poètes héroïques ni d'orateurs que nous puissions comparer

grande concession à la thèse de Perrault; et cette chose-là, dite dix ans plus tôt, aurait pu éviter bien des discords et des injures. Boileau terminait d'ailleurs par ces paroles pleines de bon sens et de discrète ironie :

« Il ne reste donc plus maintenant, pour assurer notre accord et pour étouffer en nous toute semence de dispute, que de nous guérir l'un et l'autre : vous, d'un penchant un peu trop fort à rabaisser les bons écrivains de l'antiquité ; et moi, d'une inclination un peu trop violente à blâmer les méchants et même les médiocres auteurs de notre siècle. C'est à quoi nous devons sérieusement nous appliquer : mais quand nous n'en pourrions venir à bout, je vous réponds que de mon côté cela ne troublera pas notre réconciliation, et que, pourvu que vous ne me forciez point à lire le *Clovis* ni la *Pucelle*, je vous laisserai tout à votre aise critiquer l'*Iliade* et l'*Enéide*, me contentant de les admirer... »

On ne saurait mieux dire, ni conclure plus noblement le démêlé. Pourtant, il n'en resta pas moins toujours un peu d'aigreur au fond du cœur des deux adversaires. Perrault ne fut qu'à moitié satisfait de

aux Virgile et aux Cicéron ; je conviendrais que nos plus habiles historiens sont petits devant les Tite-Live et les Salluste; je passerais condamnation sur la satire et sur l'élégie, quoiqu'il y ait des satires de Regnier admirables... Mais en même temps, je ferais voir que pour la tragédie nous sommes beaucoup supérieurs aux Latins ; je ferais voir que, bien loin qu'ils aient eu dans ce siècle-là des poètes comiques meilleurs que les nôtres, ils n'en ont pas eu un seul dont le nom ait mérité qu'on s'en souvînt, les Plaute, les Cécilius et les Térence étant morts dans le siècle précédent. Je montrerais que si pour l'ode nous n'avons point d'auteurs si parfaits qu'Horace, qui est leur seul poète lyrique, nous en avons néanmoins un assez grand nombre qui ne lui sont guère inférieurs en délicatesse de langue et en justesse d'expression...; je montrerais qu'il y a des genres de poésie où non seulement les Latins ne nous ont point surpassés, mais qu'ils n'ont pas même connus, comme, par exemple, ces poèmes en prose que nous appelons *romans*, et dont nous avons chez nous des modèles qu'on ne saurait trop estimer... » Boileau continue en mettant Descartes et même Gassendi bien au-dessus des philosophes du siècle d'Auguste.

ces déclarations de Boileau. D'autre part, Boileau montra bien qu'en se réconciliant avec Perrault, il avait fait un acte de convenance et rien de plus. Il eût été digne de tous deux de se pardonner du fond du cœur, et de finir cette longue dispute par une véritable amitié : il n'en fut malheureusement rien. Perrault mourut peu de temps après : une de ses dernières pensées fut pour son ancien ennemi : il chargea son fils de faire de grandes honnêtetés à Boileau et de l'assurer qu'il mourait son serviteur. Boileau semble en avoir été médiocrement touché, à en juger par l'aveu sincère qu'il fit à Brossette, qu'il n'avait pas pris à la mort de Perrault « d'autre intérêt que celui que l'on prend à la mort de tous les honnêtes gens ». Il était dit que Perrault conserverait jusqu'au bout sur son rival l'avantage de la courtoisie.

VI.

JUGEMENT GÉNÉRAL SUR BOILEAU SATIRIQUE.

Parmi les adversaires de Boileau, nous n'avons cité que les plus célèbres, ceux qui personnifiaient le mieux les défauts dont le sévère critique avait entrepris de purger la poésie. Mais les victimes des satires sont bien plus nombreuses, et l'on pourrait aisément leur consacrer tout un volume, comme on l'a fait pour les ennemis de Racine. Faut-il nommer l'abbé Boyer, malheureux auteur de la *Judith*, Pradon, immortalisé par sa *Phèdre* et aussi par l'*Epître VII*, Linière, « le poète idiot de Senlis », Neufgermain et la Serre, qui fournissaient de papier les boutiques d'épiciers du royaume, l'abbé Tallemant, « sec traducteur du français d'Amyot », Pinchêne, « qui croyait avoir de l'esprit parce qu'il était neveu de Voiture », et tant d'autres, Rampale, la Ménardière, Magnon, du Souhait, Corbin, Motin, si glaçant et si morfondu, la Morlière, Bardin, Hainaut, Sanlecque, Bellocq, Sauval,

> Dont les noms en cent lieux placés comme en des niches,
> Vont de *ses* vers malins remplir les hémistiches ?

La verve de Boileau n'est jamais plus caustique que lorsqu'elle s'exerce aux dépens de ces poétereaux qui infestent la république des lettres ; les mots et les rimes se présentent en foule :

> Je sens que mon esprit travaille de génie.
> Faut-il d'un froid rimeur dépeindre la manie
> Mes vers comme un torrent coulent sur le papier :
> Je rencontre à la fois Perrin et Pelletier,
> Bonnecorse, Pradon, Colletet, Titreville,
> Et, pour un que je veux j'en trouve plus de mille.
>
> (*Sat. VII.*)

Mais aussi que d'amours-propres blessés ! que de colères amassées ! Un autre que Boileau eût été accablé sous les représailles de ce flot d'auteurs furieux ; mais il tint bravement tête à l'orage qu'il avait soulevé.

Aujourd'hui que nous jugeons les œuvres et les hommes du xvii° siècle à leur exacte valeur, et que nous n'avons garde de confondre Racine avec Pradon, nous sommes trop portés peut-être à méconnaître le courage qu'a montré Boileau dans cette lutte et à croire qu'il a consommé sans grand péril la déroute du mauvais goût. Tous ces auteurs, qu'il déchirait dans les *Satires*, avaient becs et ongles pour se défendre, et ils en ont presque tous usé contre Boileau avec plus de violence qu'il n'en avait mis à les attaquer. Quelques-uns (mais ils furent rares) essayèrent de discuter, et de répondre par des raisons, comme Desmarets de Saint-Sorlin ; quelques autres ripostèrent avec mesure et non sans esprit, comme Le Pays, comme d'Assouci lui-même, ou comme ce très agréable et très fin poète qui a laissé peut-être une réputation inférieure à son mérite, je veux parler de Saint-Pavin, dont un sonnet à l'adresse de Boileau se terminait ainsi :

> En vérité je lui pardonne :
> S'il n'eût mal parlé de personne,
> On n'eût jamais parlé de lui.

Citons encore la *Critique des Satires*, où Boursault, par la bouche du marquis du Bel-Air et de la marquise Orthodoxe, se défend, comme il est naturel, contre certains vers injustement agressifs échappés à la plume de Boileau. Mais le ton de ces pamphlets était d'ordinaire plus âpre et moins courtois. On a déjà pu juger de l'aménité avec laquelle Cotin déclarait dans la *Critique désintéressée* que M. Desvipereaux devrait être assommé sur l'heure ; l'ingénieux abbé poussait le raffinement jusqu'à associer à sa vengeance l'illustre traiteur Mignot que Boileau avait offensé. Ce Mignot fabriquait des biscuits très recherchés qu'il enveloppait dans une feuille où se lisait la satire de Cotin. Coras publiait *le Satirique berné en prose et en vers*, où Boileau, sous le nom de Lubin, était platement injurié. Claude Perrault composait *le Corbeau guéri par la Cigogne*, ou *l'Envieux parfait*.

Bonnecorse répondait à une inoffensive plaisanterie du *Lutrin* par son *Lutrigot*, qui est une bien méchante œuvre, et qui motiva une des plus faibles épigrammes de Boileau. Pradon menaçait le satirique de brutales représailles :

Tu penses toujours battre, et tu seras battu.

Pinchesne lui parlait en termes fort clairs de braves

Qui, la canne à la main, pourraient bien réprimer
Sa trop grande fureur de mordre et de rimer.

Monsieur de Montausier songeait à envoyer Boileau « la tête en bas rimer dans la rivière »; et le duc de Nevers, après la querelle de *Phèdre*, passa pour avoir exécuté la menace de Pradon, si bien que Sanlecque put dire dans un sonnet :

Dans un coin de Paris, Boileau, tremblant et blême,
Fut hier bien frotté, quoiqu'il n'en dise rien.

Hâtons-nous de dire que ce triste exploit ne fut très probablement qu'une vanterie, quoique les hommes de lettres fussent dans ce temps-là sujets à des mésaventures de ce genre. Boileau ne fut pas battu, mais il faillit certainement l'être, et il ne put, malgré tout, empêcher que l'on ne colportât contre lui un virelai sanglant, sous le titre de *La Bastonnade, satire contre Boileau*.

Enfin en 1693, âgé de près de soixante ans, Boileau avait encore à subir un furieux assaut d'un poète qui allait devenir célèbre : à la *Satire contre les femmes* Regnard répondait d'un ton gouailleur par la *Satire contre les maris*, où il soulignait méchamment le manque de galanterie du *critique affaibli par les ans* ; et, poussant très loin l'acharnement, il composait *le Tombeau de M. B*** D****, où sa verve burlesque se donnait libre carrière. Citons parmi les passages les plus amusants de cette satire la description du cortège funèbre, le testament où Boileau restitue pieusement ce qu'il a pris à chacun, s'accuse de tous ses péchés, et confesse que, bien qu'il ait traduit Longin,

> *Il entendait* le grec aussi peu que le basque ;

enfin l'épitaphe, qui rappelle les meilleures épigrammes de Boileau :

> Ci-gît maître Boileau, qui vécut de médire,
> Et qui mourut aussi par un trait de satire :
> Le coup dont il frappa lui fut enfin rendu.
> Si par malheur un jour son livre était perdu,
> A le chercher bien loin, passant, ne t'embarrasse :
> Tu le retrouveras tout entier dans Horace.

A cette attaque, Boileau dut être plus sensible qu'à toute autre, parce que, à la facture du vers et à la force de la satire, il reconnaissait dans Regnard un élève. Il effaça, avec beaucoup de bonne grâce, le nom de Regnard de la Xe *Epître*, et il accepta sans rancune la dédicace des *Ménechmes*, en 1705, où le disciple repentant briguait avec respect les suffrages du vieux maître.

Cette réconciliation ne nous découvre pas seulement la générosité de Boileau, qui n'eut vraiment de haine pour personne, mais elle est un témoignage éclatant de l'esprit de justice et de la rectitude de sens qui étaient en lui. Durant cette longue carrière de luttes souvent ardentes, il lui est certainement arrivé plus d'une fois de passer la mesure, et de porter des coups immérités ; mais il a presque toujours noblement reconnu et réparé ses torts. L'année même où il aggravait son irrévérencieuse boutade contre *Agésilas* de Corneille par le *holà!* sur *Attila*, il savait, d'autre part, rendre au grand homme un magnifique hommage dans ces vers célèbres de la *IX° Satire* :

> En vain contre le *Cid* un ministre se ligue :
> Tout Paris pour Chimène a les yeux de Rodrigue.
> L'Académie en corps a beau le censurer,
> Le public révolté s'obstine à l'admirer.

S'il lui échappa plus tard quelques pointes contre le vieux poète et si l'on trouve quelques allusions trop peu voilées dans *l'Art poétique*, il faut songer que la lutte était vive entre Corneille et Racine, que les partisans de l'un et de l'autre se laissaient aller à bien des excès, que Boileau était l'ami de Racine et aussi l'ami de la nature et de la raison ; il faut surtout ne pas oublier la noble démarche que Boileau fit auprès du roi en faveur de Corneille mourant. On sait aussi avec quelle simplicité de cœur il se réconcilia avec Boursault et atténua, dans les dernières préfaces des *Satires*, les attaques trop virulentes dirigées contre Saint-Amant, contre Quinault, contre Cotin lui-même. Sans doute ces réparations étaient tardives, mais Boileau ne pouvait guère, au fort de la lutte qu'il soutenait contre le mauvais goût, faire des distinctions trop scrupuleuses. Pour le triomphe de la bonne cause, il fallait qu'il frappât fort : c'est à nous à reviser maintenant quelques-uns de ses arrêts trop sévères, à relever certaines de ses victimes, et à remettre chaque œuvre et chaque auteur à leur juste place. Mais nous n'en devons pas moins admirer le sens merveilleusement droit de Boileau : qui de nous, si l'on nous chargeait de porter un jugement sur les auteurs de 1891, sur les grands et sur les petits, ou du moins sur tous ceux qui nous paraissent tels, pourrait se flatter de commettre moins d'erreurs que n'en commit Boileau en jugeant les poètes de 1670 ? Admirons aussi ce grand effort qu'il fit pour être toujours équitable, et la loyauté avec laquelle il répara certains de ses torts : car il est bien souvent plus difficile de convenir d'une injustice, que de ne pas la commettre.

Ces erreurs de goût sont du reste bien rares et bien légères : on peut dire qu'en général les victimes de Boileau ne se sont pas relevées du ridicule dont il les a couvertes. Mais, si les *Satires* avaient besoin d'une autre justification et d'une sorte de contre-épreuve, elles la trouveraient dans l'estime singulière où Boileau a tenu la plupart des grands écrivains du temps : cet ennemi des mauvais poètes s'est trouvé tout naturellement être l'ami des bons ; de même qu'il brûlait d'écrire contre un Cotin ou un Chapelain, il est allé d'instinct à Molière, à La Fontaine, à Racine. Dès 1662 il avait reconnu dans l'auteur de l'*École des Femmes* le maître du théâtre comique. Dire que le badinage de Molière vaut bien celui de Térence, et que sa « plus burlesque parole les souvent un docte sermon », n'est pas un éloge banal pour l'époque, et surtout dans la bouche de celui qui jugera plus tard si sévèrement les *Fourberies de Scapin*. On connaît d'autre part le magnifique hommage que Boileau rendit en 1677 à la mémoire de son ami :

> Avant qu'un peu de terre, obtenu par prière,
> Pour jamais sous la tombe eût enfermé Molière,
> Mille de ses beaux traits, aujourd'hui si vantés,

Furent des sots esprits à nos yeux rebutés.
L'ignorance et l'erreur, à ses naissantes pièces,
En habit de marquis, en robes de comtesses,
Venaient pour diffamer son chef-d'œuvre nouveau,
Et secouaient la tête à l'endroit le plus beau.
Le commandeur voulait la scène plus exacte ;
Le vicomte indigné sortait au second acte :
L'un, défenseur zélé des bigots mis en jeu,
Pour prix de ses bons mots le condamnait au feu ;
L'autre, fougueux marquis, lui déclarant la guerre,
Voulait venger la cour immolée au parterre.
Mais, sitôt que d'un trait de ses fatales mains
La Parque l'eut rayé du nombre des humains,
On reconnut le prix de sa Muse éclipsée.
L'aimable comédie avec lui terrassée
En vain d'un coup si rude espéra revenir,
Et sur ses brodequins ne put plus se tenir.
Tel fut chez nous le sort du théâtre comique.

Enfin à Louis XIV qui lui demandait quel était le plus rare écrivain de son règne, il répondait sans hésiter : « Sire, c'est Molière ». De même il avait loué La Fontaine dès 1663, à l'occasion de *Joconde*, et Racine au temps où il n'était que l'auteur d'*Alexandre*. En 1677, quand *Phèdre* fut en butte aux attaques d'une cabale envieuse et que le public dévoyé sembla hésiter un moment entre Racine et Pradon, le satirique vola au secours du génie méconnu, et composa cette belle *Epître VII*, où se trouve l'éloge de Molière cité plus haut, et où il invoque en faveur de *hèdre* calomniée le suffrage de l'équitable avenir. Cette admiration sincère, que Boileau professa pour les grands écrivains de son époque, constitue le meilleur commentaire des *Satires*. Ce n'était pas pour le plaisir de médire qu'il s'épuisait à lutter contre le mauvais goût, et à soulever tant de haines furieuses : c'était pour frayer le chemin aux vrais poètes, qui ne s'inspiraient que de la vérité et de la nature. Aux mains de cet homme simple et droit, la satire était seulement une arme au service de la raison. Quelque plaisir qu'il éprouvât à blâmer Pradon, il ressentait à louer Racine une jouissance plus vive encore ; s'il a si bien tranché et taillé dans la poésie, c'était pour mieux coudre : les *Satires* ne sont que l'envers de *l'Art poétique*.

TROISIÈME PARTIE

LA DOCTRINE

I.

RETOUR A LA NATURE.

Boileau a profondément marqué de son propre caractère la réforme poétique à laquelle il a présidé. Elle est bourgeoise comme lui. Elle est issue d'une réaction contre les tendances aristocratiques de la littérature. Elle s'accomplira au nom de tous et au profit de tous.

La poésie classique, ne l'oublions pas, est née à la cour des Valois. Ronsard avait donné l'exemple du mépris le plus absolu pour l'opinion

> . . . . . . de ce vulgaire
> A qui jamais je n'ai su plaire,
> Ni ne plais, ni plaire ne veux,

disait-il. Bien plus, il faisait de cette impopularité même la condition essentielle de la poésie. Ecoutons les promesses d'Apollon :

> Ceux-là que je feindrai poètes
> Par la grâce de ma bonté
> Seront nommés les interprètes

> Des dieux et de leur volonté.
> Mais ils seront tout au contraire
> Appelés sots et furieux
> Par le caquet du populaire
> Méchamment injurieux (1).

Il ne recherchait que l'applaudissement de ses amis et de ceux qui parmi les Français étaient assez grecs et latins pour pouvoir goûter sa poésie savante. Cette gloire prodigieuse, dont il a joui de son vivant, s'est évanouie en même temps qu'a disparu le petit nombre des fidèles qui l'entretenaient. Ronsard tombé, la littérature ne cessa pas d'être aristocratique. Malherbe seul fait exception. Sa boutade sur les crocheteurs du Port-au-Foin en fait un ancêtre direct de Boileau. Mais, après lui, les héroïques, les burlesques, les précieux ne s'adressent pas plus les uns que les autres à la généralité du public; les uns se perdent dans l'emphase espagnole, les autres affectent un parler bas et trivial, qui est souvent l'argot des mauvais lieux; les derniers enfin s'isolent volontairement, se confinent dans les salons ou les ruelles et n'aspirent qu'à plaire à certains arbitres du bon goût, à Julie, à Voiture, à Mlle de Scudéry. Toute cette littérature, si diverse et si bigarrée qu'elle paraisse, a du moins ce caractère commun d'être une littérature de groupes et de coteries : il faut y être initié pour la goûter; il faut souvent un lexique (le dictionnaire burlesque ou le dictionnaire précieux) pour la comprendre.

Ce que va dire Boileau sera, au contraire, admis et goûté de tout le monde; la poésie dont il prépare l'avènement ne sera la propriété de personne, elle

---

(1) *Ode à l'Hospital*, strophe 15.

sera à la portée de quiconque possède ce lot de bon sens qui a été départi à tous à peu près également ici-bas. L'originalité de Boileau ne consiste pas à penser autrement que les autres, mais à posséder, plus que personne, les qualités de tout le monde. Il voudra donc une littérature à son image, vraiment nationale, ouverte à tous ; pour entendre cette poésie nouvelle, il ne sera besoin ni d'être un érudit frotté de grec et de latin, ni d'avoir appris le parler des halles, ni de s'être formé aux belles manières et au langage apocalyptique de Sapho : chacun en pourra juger avec ses seules lumières. On peut dire que cette réforme marque l'avènement du tiers état dans la littérature. C'est la fin de ces aristocraties de lettres qui n'avaient servi qu'à entretenir dans les esprits une anarchie comparable à celle où la noblesse et le Parlement avaient jeté le pays. De la Fronde littéraire allait sortir un gouvernement très absolu, et en même temps très populaire. Si Louis XIV a protégé Boileau, il n'a pas agi par fantaisie, ni par caprice ; il a été attiré par les qualités de cet esprit, qui semblait être celui de la bourgeoisie même : guidé par un instinct admirable, il a été droit à Boileau, comme il avait été droit à Colbert.

Quel était donc ce principe fécond qui allait transformer et discipliner la poésie ? Nous n'avons pas à le chercher bien loin : car ce n'est pas, semble-t-il, une conception bien originale ni bien neuve. Boileau s'est simplement chargé de formuler au nom de tous la pensée qui était venue spontanément à Pascal, à Molière, à tous les esprits sensés du temps : à savoir qu'on devait avant tout revenir à l'étude et à l'imitation de la nature : telle est la règle dont toutes les autres découlent : tel est le principe essentiel de l'esthétique de Boileau.

On s'était donc bien éloigné de cette nature, pour qu'on eût besoin, aux environs de l'année 1660, d'y ramener les esprits, et de présenter comme une nouveauté hardie ce qui nous semble le plus simple et le plus évident des préceptes? Oui, on l'avait beaucoup méconnue, depuis longtemps déjà, et on la méconnaissait chaque jour davantage. Les auteurs avaient frayé et suivi bien des chemins divers; mais tous, ils s'étaient écartés plus ou moins de cette nature qu'ils dédaignaient ou qu'ils ignoraient ; et ils l'avaient à peu près complètement perdue de vue, quand Boileau conçut le projet si simple, et pourtant si hardi, de les y ramener.

Cet oubli du naturel datait de la Pléiade. Ronsard et ses amis préconisaient non pas l'imitation de la nature, mais celle des modèles. Eblouis par la contemplation des œuvres de l'antiquité grecque et latine, ils les ont toutes admirées sans réserve et imitées sans choix; ils ont cru aux livres bien plus qu'en eux-mêmes ; ils ont connu l'homme d'après la lecture d'Homère et de Virgile, et aussi de Théocrite et de Lycophron ; occupés qu'ils étaient à lire, ils n'ont pas eu le temps d'étudier la nature humaine, ou plutôt ils n'ont pas songé qu'elle pût être différente de ce qu'elle apparaissait dans les écrits des anciens : ils ne l'ont imitée que de seconde main, pour ainsi dire, et ils eussent considéré comme un sacrilège de concevoir une règle souveraine de l'art, en dehors et au-dessus de cette antiquité vénérée. Tout cela n'a pas empêché que leur œuvre, modelée sur de pareils maîtres, ne fût vraiment belle, et même qu'ils n'y aient mis parfois à leur insu un peu de leur propre nature, parce qu'ils étaient jeunes et enthousiastes. Il n'en est pas moins vrai que le principe de leur esthétique, qui les soumet à l'autorité indiscutée des anciens, est très différent de celui de Boileau : il reste infecté de pédantisme, dans le sens le plus large et aussi le plus exact du mot, et peut entraîner le poète bien loin de l'imitation de la nature.

Durant la période si féconde et si confuse qui suivit, nous trouvons bien des influences contraires qui se partagent la littérature ; mais ce que nous ne trouvons toujours pas, c'est la recherche et l'expression du naturel. Dans le groupe des poètes héroïques, prenons le plus grand de tous, celui qui domine tout le siècle, Pierre Corneille. Les auteurs qu'il préfère sont les Espagnols, comme Guilhem de Castro, Lope de Véga ; et parmi les anciens, ce sont encore des Espagnols qu'il aime par-dessus tout : Sénèque et Lucain. Avec de pareils modèles il apprendra plutôt l'emphase et la grandiloquence, que le naturel et la simplicité. Son théâtre est, comme on l'a dit, une école de grandeur d'âme : mais ce qui en fait l'incomparable noblesse en constitue peut-être aussi le défaut : ce n'est pas la nature humaine que Corneille a peinte le plus souvent, ni voulu peindre ; ce sont des conditions et des sentiments exceptionnels. Tous ses personnages, fils de son génie, peuvent dire de celui qui les a créés ce que le jeune Horace dit orgueilleusement du Sort qui offrait à sa constance une si *illustre* matière :

> Et, comme il voit en nous des âmes peu communes,
> Hors de l'ordre commun il nous fait des fortunes.

Rien n'est commun, en effet, chez les héros de Corneille ; on sent en eux un perpétuel effort de la volonté, une exaltation de l'âme, un parti pris héroïque d'étouffer la loi de nature et d'y substituer la règle du devoir. Le sentiment le plus spontané qu'il y ait au monde, c'est-à-dire l'amour, dont on a dit que dérivaient toutes les autres passions, est considéré par Corneille comme « une passion trop chargée de faiblesse pour être la dominante dans une pièce héroïque ». Quant au style, le poète s'efforce de le rendre digne du sujet. Il n'est jamais plus content que lorsqu'il atteint dans le sublime un degré qu'il n'avait pas encore atteint; il dit à propos de *Pompée* : « Le style est plus élevé en ce poème qu'en aucun des miens, et ce sont sans contredit les vers les plus pompeux que j'aie faits. » Un pareil système de poésie nous a valu, avec Corneille, d'admirables chefs-d'œuvre, mais non des chefs-d'œuvre de naturel : et l'on sait à quelle emphase et à quel galimatias d'autres que lui sont parvenus.

Bien loin des poètes héroïques, dans les bas-fonds de la littérature, nous rencontrons les poètes burlesques : ceux-là ne cherchent pas à hausser le ton ni à peindre l'humanité sous de trop belles couleurs : ils réagissent, au contraire, contre ces exagérations : mais en réagissant ils ne font pas mieux, que dis-je ? ils font cent fois pis : car la nature qu'ils rabaissent et qu'ils avilissent devient tout aussi méconnaissable entre leurs mains. Didon n'est plus qu'une *dondon* sentimentale et gênante, Énée devient une sorte d'aventurier niais et égoïste : tous les sentiments du cœur humain, idéalisés par les héroïques, sont parodiés et souillés par les burlesques. Le type que l'on oppose aux héros chevaleresques est Jodelet, personnage trivial, goulu, poltron, lubrique, qui étale cyniquement ses hontes, et qui se retourne avec complaisance dans la fange ; lui aussi il débite des stances, comme un Cid, mais le refrain en est moins admirable :

> Il n'est rien tel qu'être pied plat.

Par réaction contre un défaut c'était tomber dans le vice contraire ; c'était outrer la nature, non plus en l'embellissant, mais en la dégradant. Ces deux excès s'appelaient l'un l'autre et se développaient parfois côte à côte : témoin Brébeuf qui, dans le temps où il traduisait la *Pharsale* en vers pompeux, souvent raillés par Boileau, parodiait ce même poème, et publiait un *Lucain travesti!* Témoin aussi le type monstrueux du Matamore, ce terrible capitaine des comédies du temps, emphatique et glorieux, qui, une fois démasqué, devenait le plus vil et le plus abject des lâches, personnifiant ainsi à lui tout seul l'excès de grandeur et l'excès d'ignominie.

Il y avait encore une troisième manière de se passer du naturel : c'était celle des précieux, sorte de terrain commun où burlesques et héroïques se rencontraient souvent. Il ne s'agissait plus, à vrai dire, d'aller au-dessus ni au-dessous de la nature, mais d'aller au delà ; on recherchait non plus le sublime, ni le grossier, mais le fin du fin, le subtil, l'alambiqué. Les précieux travaillent bien sur cette éternelle matière du cœur humain : mais ils la raffinent, l'épurent, et la subtilisent si bien, qu'il ne reste plus rien entre leurs mains ; plus rien qui ressemble à la nature : de l'amour ils ont fait la galanterie. L'horreur qu'ils ont pour le vulgaire et pour la vulgarité, fait qu'ils vivent en petits comités et se ferment volontairement à l'observation extérieure : ils se confinent dans des sociétés choisies et y observent non pas l'homme, mais ce qu'on appelle le monde, non pas la nature, mais la mode ; ils en viennent à ne plus être compris du public, qu'ils ignorent ; ils finissent peut-être à ne plus guère se comprendre entre eux : tel est le dernier terme de l'esprit précieux, condamné à toujours renchérir sur lui-même, et à se perdre dans l'inintelligible. Tous les écrivains ont été plus ou moins précieux de 1610 à 1660 ; je ne parle pas des précieux de profession comme Voiture ; mais Balzac, Malherbe, Corneille, pour ne citer que les plus grands, n'ont pas complètement échappé à cette influence, Scarron non plus, malgré sa trivialité voulue. Sentiments à part, langage à part : voilà où aboutit ce désir, noble et périlleux, de se distinguer des autres, de vouloir corriger et perfectionner la nature humaine, jugée trop vulgaire.

En dehors de cette nature, il n'y a pourtant que contradiction et erreur : elle seule est toujours vraie, toujours constante avec elle-même, commune à tous ; on s'égare à vouloir faire autrement et mieux qu'elle : car c'est en elle qu'est la source et l'expression de toute beauté.

> Sans cesse on prend le masque, et, quittant la nature,
> On craint de se montrer sous sa propre figure.
> Par là le plus sincère assez souvent déplaît.
> Rarement un esprit ose être ce qu'il est.
> Vois-tu cet importun que tout le monde évite ;
> Cet homme à toujours fuir, qui jamais ne vous quitte ?
> Il n'est pas sans esprit ; mais, né triste et pesant,
> Il veut être folâtre, évaporé, plaisant ;
> Il s'est fait de sa joie une loi nécessaire,
> Et ne déplaît enfin que pour vouloir trop plaire.
> La simplicité plaît sans étude et sans art.
> Tout charme en un enfant dont la langue sans fard,

> A peine du filet encor débarrassée,
> Sait d'un air innocent bégayer sa pensée.
> Le faux est toujours fade, ennuyeux, languissant ;
> Mais la nature est vraie, et d'abord on la sent :
> C'est elle seule en tout qu'on admire et qu'on aime.
> Un esprit né chagrin plaît par son cha g même.
> Chacun pris dans son air est agréable en soi :
> Ce n'est que l'air d'autrui qui peut déplaire en moi.

Non seulement rien n'est beau en dehors de la nature, mais tout ce qui est en elle possède quelque reflet de l'éternelle beauté :

> Il n'est pas de serpent ni de monstre odieux
> Qui par l'art imité ne puisse plaire aux yeux.

C'est elle qui fait les poètes, et qui donne à chacun son talent propre, sur l'étendue et les limites duquel nul ne doit s'abuser :

> La nature, fertile en esprits excellents,
> Sait entre les auteurs partager les talents.

C'est encore elle qui, après avoir donné à notre esprit sa forme et son génie, lui fournit toute la matière sur laquelle il doit s'exercer.

> Que la nature donc soit votre étude unique....
> Présentez-en partout les images naïves ;
> Que chacun y soit peint des couleurs les plus vives.
> La nature féconde en bizarres portraits
> Dans chaque âme est marquée à de différents traits :
> Un geste la découvre, un rien la fait paraître :
> Mais tout esprit n'a pas des yeux pour le connaître.....
> Jamais de la nature il ne faut s'écarter...

Vérités qui nous semblent banales, depuis le temps qu'on les répète ; mais vérités toujours neuves, qui le seraient encore aujourd'hui pour bien des poètes nos contemporains, et qui l'étaient en 1660 pour la très grande majorité des auteurs. Dans ces simples préceptes, il y avait l'annonce et le programme d'une grande révolution : notre poésie était ramenée, des hauteurs ou des bas-fonds où elle s'égarait, au juste niveau où elle devait se fixer ; elle trouvait enfin sa voie, comme la philosophie grecque l'avait trouvée le jour où Socrate avait fait descendre la pensée à la connaissance d'elle-même. Tout le monde souhaitait et attendait cette direction nouvelle que Boileau allait imposer aux esprits ; et si c'est être romantique, selon la définition de Stendhal, que de venir à son heure, et de savoir se conformer au goût secret de ses contemporains, en leur procurant la plus grande somme possible de plaisir, nul n'a été plus romantique que Boileau ; nul n'a mieux compris ce qui convenait aux hommes de son époque, et nul ne le leur a fourni plus à propos.

Tous les grands écrivains sont avec lui dans cette revendication des droits de la nature. Pascal raille amèrement ceux qui ne se servent de la parole que pour « masquer la nature et la déguiser...... Point de roi, de pape, d'évêques : mais *auguste monarque*, etc. ; point de Paris : *capitale du royaume*. Il y a des lieux où il faut appeler Paris, Paris, et d'autres où il le faut appeler capitale du royaume ». A ces prétendues *beautés poétiques*, il oppose la grâce toute-puissante du style naturel, si exquis et si rare que, quand on le voit, « on est tout étonné et ravi : car on s'attendait de voir un auteur et on trouve un homme ». Vers la même époque, La Fontaine écrivait à son ami Maucroix (le 22 août 1661) :

> Nous avons changé de méthode
> Jodelet n'est plus à la mode :
> Et maintenant il ne faut pas
> Quitter la nature d'un pas.

Molière, qui dans les *Précieuses* venait de livrer un combat triomphant contre les ridicules affectations du goût, faisait dire au chevalier Dorante de la *Critique* : « Lorsque vous peignez les hommes, il faut peindre d'après nature. On veut que ces portraits ressemblent, et vous n'avez rien fait, si vous n'y faites reconnaître les gens de votre siècle. » Et ce n'est pas seulement dans le métier du poète que Molière imposait comme loi suprême l'imitation et le respect de la nature ; c'est en toute matière, dans les choses de la vie comme dans les choses de l'art, qu'il revendiquait les droits imprescriptibles de la nature : contre les pères trop durs, au nom des fils et des filles qu'ils sacrifiaient à leur égoïsme ; contre les faux dévots, au nom de cette religion qu'ils profanaient ; contre les pédants et les femmes savantes, au nom du vrai savoir et du bon goût ; contre les médecins eux-mêmes, au nom des malades qu'ils tuaient, en contrariant par des remèdes absurdes les effets salutaires de la nature, cette grande, cette unique guérisseuse. Revenir à la nature : telle est la pensée commune qui inspire tous ces grands hommes, La Fontaine, Pascal, Racine, Molière ; Boileau a été le théoricien de ce petit groupe d'élite ; c'est lui qui a formulé la doctrine classique, et qui l'a édifiée, comme on voit, sur le principe du plus pur naturalisme.

Cette réforme était grave : édicter comme règle souveraine de l'art l'imitation de la nature peut entraîner à des conséquences que le siècle de Louis XIV n'a pas toutes soupçonnées, et devant lesquelles il aurait reculé d'horreur. Déjà Moliere, qui n'était retenu par aucune influence cartésienne ou janséniste, poussait assez loin ce principe, et il aboutissait à une sorte de philosophie naturelle, assez peu chrétienne, qui ne laissait pas d'inquiéter ses contemporains et Boileau lui-même. Cette formule féconde, qui revient si souvent sous la plume de l'auteur de *l'Art poétique*, était en elle-même assez vague, et prêtait à des interprétations différentes : la preuve en est que toutes les écoles littéraires depuis Boileau, et presque tous les grands auteurs, l'ont adoptée et s'en sont prévalus en des sens divers. C'est au nom de la nature que J.-J. Rousseau prendra en haine la civilisation humaine, et écrira le *Discours* de Dijon, l'*Emile*, le *Contrat social*, la *Nouvelle Héloïse*, qui apportent une révolution si profonde dans l'art, dans l'éducation, dans la politique, et jusque dans le domaine obscur de la passion. Au nom de la nature, Victor Hugo et les romantiques s'attacheront à peindre la complexité mystérieuse des choses; ils feront un art tout de contrastes, où le rire et les larmes seront mêlés, où les grands vices et les grandes vertus rempliront les mêmes cœurs, par la raison que la nature nous offre l'exemple des mêmes rencontres et des mêmes incohérences. Enfin n'est-ce pas aussi au nom de la nature qu'une école moderne de romanciers affecte de ne représenter que les côtés bas et abjects de l'humanité, aussi dignes que les autres, à ce qu'on prétend, d'être peints, parce qu'ils font tous partie au même titre de cette nature humaine, où la bête tient autant de place que l'ange ? Il est bien évident que Boileau n'a pas pu édicter un principe si gros de conséquences sans en définir et en limiter soigneusement la portée. Dans tout bourgeois de Paris il y a à la fois un révolutionnaire qui aime à détruire ce qui est, et un conservateur qui aime à en recoller les morceaux. Après avoir déchaîné le naturalisme dans la poésie, Boileau s'est évertué à lui retirer une bonne partie du terrain qu'il semblait devoir lui concéder ; il l'a borné, restreint, et atténué de telle sorte, qu'on ne saurait le confondre avec celui que professeront plus tard les moins classiques des écrivains.

II.

NATURE ET RAISON.

Qu'est-ce que Boileau entend par la *nature*, mot assez vague pour que nous puissions y faire rentrer toutes les choses et tout l'homme, c'est-à-dire la création entière ?

Tout d'abord, constatons qu'il ne s'agit pas du monde visible et sensible, de ce que nous appelons la nature extérieure. Boileau n'en a parlé qu'une fois dans *l'Art poétique*, lorsqu'il a traité de l'églogue, mais c'est pour la proscrire : il recommande à l'auteur qui veut composer une *élégante idylle* de ne pas faire parler ses bergers « comme on parle au village », de les appeler Lycidas et non Pierrot, de chanter Flore et Pomone « sans bassesse » et de s'en rapporter là dessus bien moins à la nature elle-même qu'à Théocrite et à Virgile. Cela n'empêchait pas Boileau d'aimer passionnément son jardin d'Auteuil, et dans l'épître à son jardinier d'oser parler en vers des melons qu'il y récoltait : mais il s'agissait d'une nature arrangée, où Antoine dirigeait l'if et le chèvrefeuille, arrachait les chardons, plantait des œillets et des roses et exerçait savamment « l'art de la Quintinie ». A Hautile, chez son neveu l'*illustre* M. Dongois, Boileau trouvait une nature moins factice, et il nous a laissé une assez jolie description du village

    Bâti sur le penchant d'un long rang de collines ;

il aimait à y pêcher à la ligne et à y chasser, comme il nous l'a confié en quatre vers trop élégants (1), et il s'y écriait, à l'imitation d'Horace :

    O fortuné séjour, ô champs aimés des cieux !
    Que, pour jamais foulant vos prés délicieux,
    Ne puis-je ici fixer ma course vagabonde,
    Et, connu de vous seuls, oublier tout le monde !

Sachons-lui gré d'avoir goûté la paix des champs ; mais ce qu'il venait chercher au village, c'était bien moins les champs eux-mêmes que la santé, le calme de l'esprit, le délassement; je doute fort qu'il y eût volontiers passé toute l'année loin des occupations de la ville et de ces livres, bons ou mauvais,

    ... que Bilaine étale au deuxième pilier.

Boileau reste Parisien jusque dans sa manière d'aimer la campagne.
    Il faut dire qu'au XVIIe siècle on ne l'aimait guère

(1) Quelquefois aux appas d'un hameçon perfide
    J'amorce en badinant le poisson trop avide,
    Ou d'un plomb qui suit l'œil et part avec l'éclair
    Je vais faire la guerre aux habitants de l'air.
                                        Ep. VI.

autrement ; à peu près seul La Fontaine l'a comprise, et c'est peut-être pour cela qu'il n'a guère été compris lui-même. Il n'est venu à la pensée d'aucun autre que la nature fût une source de poésie presque infinie, qu'il y eût harmonie entre elle et nous, et qu'il existât des voix des choses répondant à nos voix intérieures. M. Brunetière reconnaît dans cette indifférence je ne sais quelle supériorité et comme une marque souveraine de santé morale. « Ils ne jouissent de la nature
« que comme nous faisons de respirer, par exemple,
« ou de vivre, sans presque nous en apercevoir, quoi-
« que ce soit pourtant un plaisir, et sans jamais
« éprouver le besoin de connaître le jeu de nos or-
« ganes ou la composition de l'atmosphère. Y son-
« geons-nous ? C'est un signe que nous sommes
« malades (1). » Que le sentiment de la nature puisse prendre en nous une intensité maladive, c'est possible ; mais si le seul fait d'apercevoir qu'elle existe constitue une maladie, je ne vois pas pourquoi celui d'analyser le cœur humain n'en constituerait pas une autre tout aussi grave : ne devrait-il pas nous suffire aussi d'avoir un esprit qui pense, une âme qui aime et qui souffre, sans chercher à en savoir plus long sur ces pensées et sur ces souffrances ? A ce compte-là, ce n'est pas seulement la poésie de la nature qui est une névrose, c'est toute poésie et toute littérature : car on pourrait très bien s'en passer, et l'on ne s'en porterait peut-être pas plus mal. Non, la vérité est que, pour plusieurs causes aujourd'hui bien connues, le XVIIe siècle s'est fermé à l'étude de la nature extérieure, et n'a pas connu la poésie qui en découle : il n'y a vraiment pas de quoi lui en savoir

(1) *Revue des Deux-Mondes*, 1er juin 1889.

trop gré, et il lui reste d'assez beaux titres de gloire pour que nous n'ayons pas besoin de lui en forger un aussi peu sérieux.

Puisqu'il ne s'agit pas, chez Boileau, de la nature extérieure, c'est à la nature humaine qu'il a dû certainement songer; c'est elle qu'il offre à la contemplation des auteurs. Mais l'être humain est encore bien vaste et bien complexe : en dehors des grandes vertus et des grands vices ou des passions dominantes, que de sentiments vils ou médiocres, que de choses mesquines ou simplement banales et indifférentes ! Faudra-t-il donc tout observer et tout rendre, sous prétexte d'exactitude ? Telle est la prétention du naturalisme actuel qui ne recule devant rien, qui élit même, entre tous, les sujets les plus grossiers ou les plus puérils : ce sont des documents humains, affirme-t-on ; tout relève de l'art, et l'art purifie tout ! Boileau n'a pu, même à son insu, autoriser de pareils excès : aussi au principe de l'imitation de la nature a-t-il lié indissolublement un autre principe, qui le limite avec soin : ce principe, c'est que la raison est la règle souveraine de notre esprit, et qu'il faut s'y soumettre toujours avec respect :

Que toujours le *bon sens* s'accorde avec la rime..
Au joug de la *raison* sans peine elle fléchit.
(*Art poét.*, I.)

Aimez donc la *raison* : que toujours vos écrits
Empruntent d'*elle seule* et leur lustre et leur prix
(*Ibid.*)

Tout doit tendre au *bon sens*.... (*ibid.*)

Au mépris du *bon sens* le burlesque effronté
Trompa les yeux d'abord, plut par sa nouveauté....
(*Ibid.*)

La *raison* outragée enfin ouvrit les yeux... (*Art poét.*, II.)

Il faut même en chanson du *bon sens* et de l'art. (*Ibid.*)

J'aime sur le théâtre un agréable auteur,
Qui, sans se diffamer aux yeux du spectateur,
Plaît par *la raison seule*, et jamais ne la choque.
(*Art poét.*, III.)

Faites choix d'un censeur solide et salutaire,
Que la *raison* conduise et le savoir éclaire...
(*Art poét*, IV.)

De tels vers foisonnent dans l'œuvre de Boileau; on sent que l'auteur y exprime le précepte auquel il tient le plus, celui qui domine tous les autres. Suivre la raison : telle est la loi souveraine qui doit régir tous les poètes, et que Boileau ne sépare pas de cette autre : suivre la nature.

Aux dépens du *bon sens* gardez de plaisanter ;
Jamais de la *nature* il ne faut s'écarter.

Nature et raison : deux mots qui s'accordent peu, semble-t-il, la nature étant infiniment variée et changeante, propre à chacun, avec une part d'inexplicable et d'inconscient; la raison, au contraire, étant par excellence la faculté de l'entendement et des idées claires, faculté immuable, constante, universelle. Cependant Boileau a pour ainsi dire identifié ces deux termes en les modifiant l'un par l'autre. Voyons donc ce qu'il entend par la *nature raisonnable*.

C'est une nature d'où l'on a banni tout ce qui n'en constitue pas un caractère général et essentiel.

D'abord tout ce qui est vil et bas s'en trouvera exclu, par la raison que ces phénomènes inférieurs ne sont pas propres à l'homme. Ce n'est pas par les fonctions de notre corps, ni par les manifestations de nos appétits que nous sommes des hommes : c'est, au contraire, par cela que nous nous confondons avec les animaux : ce sont des caractères de la famille et non de l'espèce! Les peindre, ce ne serait donc pas représenter la nature humaine en elle-même, mais dans ce qu'elle a de commun avec la nature des bêtes : ce n'est donc pas raisonnable, et les auteurs doivent s'en abstenir : ainsi se trouvent condamnées toutes les œuvres grossières, non pas seulement au nom du bon goût, mais encore au nom de la vérité humaine. Il en sera de même de ces œuvres où les auteurs s'attachent à noter des actes ou des sentiments indifférents, sans portée, sans signification, sans explication raisonnable : ces actes ne tiennent pas au fond de notre nature : ils sont, pour ainsi dire, des phénomènes parasites et superflus, qu'il faut raisonnablement dédaigner. Saint-Amant est traité de *fou* par Boileau pour avoir employé huit vers dans son *Moyse sauvé* à peindre un petit enfant

     . . . . qui va, saute, revient,
  Et joyeux à sa mère offre un caillou qu'il tient.

La peinture des choses grossières ou mesquines n'est permise qu'autant qu'elle sert à la connaissance d'un objet plus important ; et encore l'auteur doit-il relever ces choses par le style, et les décorer de termes raisonnables (1).

(1) La Bruyère dira, quelques années plus tard, en parlant du théâtre : « Il peut y avoir un ridicule si bas et si grossier, ou même si fade et si indifférent, qu'il n'est ni permis au poète d'y faire attention, ni possible aux spectateurs de s'en divertir. Le paysan ou l'ivrogne fournit quelques scènes à un farceur ; il n'entre qu'à peine dans le vrai comique : comment pourrait-il faire le fond ou l'action principale de la comédie ? Ces caractères, dit-on, sont naturels : ainsi, par cette règle, on occupera bientôt tout l'amphithéâtre d'un laquais qui siffle, d'un malade dans sa garde-

Au nom de la raison on bannira aussi du domaine de l'art tout ce qu'on ne rencontre dans la nature humaine qu'à l'état d'exception. Il ne suffit pas de dire d'une chose : « Elle existe réellement ; il y a un document humain », ou bien encore : « Elle a été vécue ». Peu importe : cela peut être dans la nature, et n'être point conforme au plan général de cette nature. Il y a des gens qui n'ont qu'un bras, qu'une jambe, ou qu'un œil : pourtant, si vous faites un portrait ou une statue, vous n'irez pas choisir, sans un motif exprès, de pareils modèles. Il existe de semblables cas de monstruosité morale, dont on doit également s'abstenir, parce qu'ils n'intéressent que certains individus et non l'espèce tout entière. Le grotesque et l'horrible se trouvent ainsi éliminés de l'art, ou du moins ils doivent être transformés. Si Boileau a dit :

> Il n'est pas de serpent ni de monstre odieux
> Qui par l'art imité ne puisse plaire aux yeux,

il indique bien par là que l'art doit s'appliquer à modifier ces objets *odieux* pour les rendre *plaisants*, c'est-à-dire raisonnables ; et l'exemple même qu'il allègue montre combien peu il aurait admis sur ce point les inventions de nos auteurs contemporains : le choix du serpent, être fort naturel, ne donne-t-il pas la mesure des hardiesses singulièrement timides que tolérait Boileau ?

robe, d'un homme ivre qui dort ou qui vomit : y a-t-il rien de plus naturel ? C'est le propre d'un efféminé de se lever tard, de passer une partie du jour à sa toilette, de se voir au miroir, de se parfumer, de se mettre des mouches, de recevoir des billets et d'y faire réponse : mettez ce rôle sur la scène : plus longtemps vous le ferez durer, un acte, deux actes, plus il sera naturel, et conforme à son original, mais plus aussi il sera froid et insipide. » (*Ouvr. de l'esprit.*)

De la nature la raison retranchera encore tout ce qui dépend de la mode, du temps et du lieu. Les modes déguisent la vraie nature et la fardent : qu'importe la manière de se vêtir, l'influence d'une époque qui est disparue, ou d'un pays qui est loin de nous? Toutes ces circonstances sont essentiellement négligeables, ou tout au moins doivent être sévèrement subordonnées : car si l'on y attachait trop de prix, on étoufferait sous le poids de ces détails superflus la vraie nature, qu'on retrouve au fond de chaque homme, et qui ne dépend pas de la toge, ou du pourpoint qu'il porte. Voilà pourquoi saint Polyeucte, supplicié en l'an 250 à Mélitène en Arménie, pourra sans inconvénient être affublé d'un habit à la mode française de 1643 : ce qui intéresse en lui, ce n'est pas sa perruque, c'est lui-même.

Il n'y a donc plus de place dans la littérature ainsi comprise pour l'étude du moi, j'entends du moi individuel, de cet élément exceptionnel qui fait que je ne suis pas un autre que moi-même. C'est le moi de tout le monde qui sera l'éternelle matière des écrivains ; mais l'autre moi, celui de chacun, il est haïssable, selon un mot célèbre, et d'ailleurs, qui intéresserait-il, en dehors de celui auquel il appartient? De là vient l'irritation de Pascal et de presque tous les auteurs du siècle de Louis XIV contre Montaigne : « Le sot projet qu'il a eu de se peindre! Il parle trop de soi! » On prenait à la lettre la profession de foi d'égoïsme que Montaigne faisait à chaque page de ses *Essais*, et l'on ne s'apercevait pas que derrière ce moi individuel, un peu encombrant et agaçant à la longue, il y avait un moi humain, singulièrement vrai, et où nous nous reconnaissons encore aujourd'hui. Cela explique encore le désintéressement avec lequel tous les écrivains du temps de Boileau dissimulaient humblement leur personne derrière leur œuvre, et ne songeaient nullement à nous mettre au courant des grandes ou des petites affaires de leur vie.

En somme, ce n'est pas seulement l'étude du moi individuel qui était exclue de la littérature, c'est le réalisme tout entier que Boileau bannissait de l'art en séparant fortement la cause du naturalisme de la sienne. Sans doute le réalisme, si l'on ne s'attache qu'au mot, étant la doctrine qui admet la représentation de tout ce qui est réel, est assez vaste pour que le naturalisme raisonnable de Boileau y trouve sa place. Mais, en fait, il n'en va pas ainsi : la raison d'être du réalisme ne consiste pas dans ce qu'il peut avoir de commun avec la théorie classique, mais dans ce qui lui appartient en propre, c'est-à-dire dans la représentation des choses que Boileau n'aurait jamais admises, de l'exceptionnel, du grotesque, du monstrueux, du vil, et même tout simplement du mesquin et de l'indifférent, et aussi dans la couleur locale, et dans ces essais de restitution archéologique où se complaît trop souvent l'art moderne. Tout cela, aux yeux de Boileau, n'est qu'un accessoire encombrant et dangereux ; il n'est pas raisonnable de s'y attacher, et de négliger le principal ; tout cela peut être *réel*, mais n'est pas *vrai*.

Nous touchons par là au fond même de la doctrine de Boileau, à cette distinction capitale entre le réel et le vrai. Le réel, c'est tout ce qui existe, en tant que fait ; que ce fait soit transitoire ou permanent, anormal ou raisonnable, peu importe. Le vrai, c'est ce qui est, c'est-à-dire ce qui existe conforme à une raison d'être, ce qui est raisonnablement. Le domaine du vrai et celui du réel sont en grande partie communs, mais ne sont pas identiques : Boileau a exprimé cette distinction dans un vers célèbre, où l'expression prête malheureusement à quelque équivoque :

> Le vrai peut quelquefois n'être pas vraisemblable,

et qui est absolument l'équivalent de cette pensée plus claire : *le réel peut quelquefois n'être pas vrai.* Or le seul but de l'art, c'est de peindre le vrai, et par conséquent de n'admettre du réel que ce qui est pris du vrai.

> Rien n'est beau que le vrai ; le vrai seul est aimable :
> Il doit régner partout.....

Ainsi donc la poésie ne cherchera à représenter la nature que conformément à la règle souveraine de la raison ; c'est-à-dire elle s'attachera au vrai comme à son seul objet, et dédaignera tout ce qui est relatif et contingent ; elle s'efforcera de plaire également à tous les hommes raisonnables, et d'être intelligible à tous. Voilà comment le naturalisme de Boileau, ainsi compris dans son principe, et restreint dans ses conséquences, aboutit à quelque chose qui ressemble si fort à l'idéalisme : cette nature épurée ne contient plus en dernière analyse que la raison humaine elle-même ; si bien que la doctrine de Boileau est tout entière dans l'identification de ces deux principes d'origine si diverse, le naturalisme et l'idéalisme : frères ennemis, qui peuvent bien se combattre, et se dominer tour à tour, mais qui ne peuvent se passer l'un de l'autre, et qui ne parviennent jamais à s'exclure.

Il est impossible de ne pas découvrir une ressemblance entre ce fondement de l'esthétique de Boileau et les principes de la philosophie de Descartes. M. Francisque Bouillier, dans son *Histoire de la philosophie cartésienne*, l'avait déjà fait remarquer. M. Krantz y a consacré une grande partie de son beau livre sur l'*Esthétique de Descartes*, auquel l'on ne peut reprocher que d'être trop systématique, et de vouloir trop prouver. Il ne faut ni exagérer cette influence, ni la nier, comme on a tenté de le faire, par une réaction trop vive contre l'opinion reçue. Il y a certainement un grand rapport entre le rôle de Descartes et celui de Boileau. L'un s'abstrait de toutes les théories professées par la philosophie de son temps et ramène la pensée sur elle-même; l'autre, après avoir montré tout ce que la littérature contemporaine contenait d'artificiel et de vain, rappelle les auteurs à l'étude de la simple nature. Tous deux fondent leur doctrine sur la connaissance de la partie immuable de notre être, c'est-à-dire de la pensée et de la raison. Le *Discours de la Méthode* s'ouvre par une phrase qui pourrait servir d'épigraphe à l'*Art poétique*: « Le bon sens est la chose du monde le mieux partagée »; ce sont, en effet, des vérités de bon sens qui doivent faire, selon Boileau, la matière de la poésie; et c'est encore le bon sens qui sera appelé à juger en dernier ressort si le poète a attrapé le but raisonnable de son œuvre. Que Boileau n'ait pas songé, lorsqu'il rédigeait ces préceptes, aux règles de la Méthode, sur lesquelles ils semblent presque calqués, c'est fort possible; mais il était certainement dans un état d'esprit cartésien, tant les analogies sont frappantes dans les détails aussi bien que dans l'ensemble.

Mais revenons au principe si catégoriquement exprimé dans cet hémistiche fameux :

> Rien *n'est* beau *que* le vrai.....

et dans cet autre passage :

> Aimez donc la raison : que toujours vos écrits
> Empruntent d'*elle seule* et leur lustre et leur prix ;

et tâchons d'en dégager les conséquences les plus immédiates.

On doit remarquer avant tout le caractère exclusif de cette règle : il ne peut y avoir rien de beau en dehors du vrai ; donc un écrit ne vaudra rien s'il n'est inspiré par la seule raison. Ces deux idées sont étroitement liées l'une à l'autre : car, si le vrai est le seul objet du beau, la raison sera logiquement le seul instrument qui nous serve à réaliser cet idéal. L'*Art poétique* de Boileau est ainsi forcément amené à ne tenir aucun compte des deux facultés qui ont toujours passé, à tort ou à raison, pour appartenir en propre aux poètes, l'imagination et la sensibilité.

Borner la poésie à la recherche et à l'expression du vrai, c'est supprimer le rôle de l'imagination, qui nourrit notre esprit d'illusions plus ou moins vraisemblables : pouvoir dangereux dont plus d'un grand écrivain a souvent abusé, mais privilège infiniment précieux, qualité maîtresse du grand poète. Or c'est en vain que nous chercherions dans l'*Art poétique* un seul passage où Boileau en recommande vraiment l'emploi. Quand il parle de cette *secrète influence du ciel* sans laquelle il n'est pas de poète, il entend sans doute par là un bon sens éminent, une imperturbable raison. Quant à cet enthousiasme poétique, dont Victor Hugo a si bien décrit dans *Mazeppa* la tyrannie soudaine et toute-puissante, Boileau ne l'a pas connu; toute excursion loin *du droit sens* lui paraît être l'effet d'une *fougue insensée ;* pour lui, l'inspiration lyrique doit être feinte et concertée, comme le prétendu délire de Pindare :

> Souvent un beau désordre est un effet de l'art,

c'est-à-dire un effet de la raison qui simulera tous ces transports. Le rôle de l'imagination se bornera à créer des images de mots, autrement dites des *figures ;* mais il faut prendre garde que l'imagination est loin d'avoir toute liberté dans la conception de ces figures, et que la raison y conserve absolument tous ses droits. Boileau nous en a laissé un curieux exemple à l'occasion de son ode malheureuse sur *la prise de Namur :* « J'y ai employé les figures les plus audacieuses, dit-il, jusqu'à faire un *astre* de la plume blanche que le roi porte ordinairement à son chapeau, et qui est, en effet, comme une espèce de *comète* fatale à nos ennemis, qui se jugent perdus dès qu'ils l'aperçoivent. » Comparer une plume blanche, non pas seulement à un astre, mais, à cause de sa forme allongée, à une comète : voilà bien le triomphe de la raison !

Le rôle de la sensibilité n'est pas moins sacrifié. Notons cependant ces préceptes excellents, empruntés en partie à Horace :

> Pour me tirer des pleurs, il faut que vous pleuriez...
> C'est peu d'être poète, il faut être amoureux..
> Il faut que le cœur seul parle dans l'élégie...

De tels vers font honneur à la clairvoyance de celui qui comptait Racine parmi ses plus chers amis ;

mais on est en droit de douter que Boileau ait connu tout le prix des conseils qu'il donnait. Comment, en effet, les concilier avec les principes généraux de son esthétique ? Qu'y a-t-il de plus variable que la sensibilité ? Est-il une plus grande source d'erreur ? Le contemporain du Nicole et d'Arnauld devait en être persuadé plus qu'un autre ; et il est bien probable que, par ce mot de *cœur* qu'il emploie, il n'entend guère autre chose que le bon sens échauffé, une sensibilité dont la raison ne cesse pas un seul moment d'être maîtresse. Comment aurait-il recommandé l'usage de la passion, alors qu'il semble lui-même avoir bien peu connu cet amour dont

> . . . . la sensible peinture
> Est pour aller au cœur la route la plus sûre?

Il a fait pis que de médire des femmes ; il a montré qu'il ne les connaissait pas, et c'est ce qu'elles lui ont le moins pardonné. Au fond il devait trouver l'amour une source d'émotion bien médiocre, puisqu'il a osé dire en un jour de franchise : « Il n'y a rien de si ridicule que le caractère d'un amant. » Un vrai poète n'aurait jamais eu une telle pensée

Si le vrai est le seul objet de la poésie, et si la raison y doit régner en maîtresse, il en résultera que la marque essentielle de la poésie, son criterium indiscutable, sera la *clarté*. A la règle fameuse de la méthode cartésienne : *n'admettre pour vraies que les choses qui paraissent évidemment être telles*, correspond cette autre nettement formulée par Boileau : *n'admettre pour belles que les choses qui sont claires*. Conseil excellent sans doute, que les maîtres répètent chaque jour à leurs élèves, et dont on serait mal venu de critiquer la justesse. Boileau a cent fois raison de dire aux poètes : Ne soyez pas obscurs. Et pourtant n'est-il pas excessif de faire de la clarté le criterium infaillible de la poésie ? En fait, tout n'est pas clair à notre pensée; beaucoup d'idées s'offrent à nous enveloppées et flottantes, parce que les objets qu'elles représentent sont eux-mêmes indécis ; la poésie se plaît surtout à ces sujets un peu vagues autour desquels l'âme peut rêver librement : Dieu, la nature, la mort... Faut-il bannir de l'art toutes ces inspirations auxquelles on doit tant de chefs-d'œuvre ? Ou bien faut-il s'efforcer d'enfermer dans les règles étroites de la raison ce qui par nature dépasse infiniment les bornes de cette raison ? De toutes façons on devrait blâmer Virgile, pour nous avoir donné un sentiment indéfinissable des choses dans ce beau vers :

Sunt lacrymæ rerum, et mortem mortalia tangunt;

Corneille, pour nous avoir décrit

Cette obscure clarté qui tombe des étoiles ;

Saint-Amant, pour avoir ainsi dépeint le calme de la nuit :

J'écoute à demi transporté
Le bruit des ailes du silence
Qui vole dans l'obscurité ;

Pascal, pour avoir dit que l'univers « est une sphère infinie, dont le centre est partout et la circonférence nulle part », définition admirable, que notre imagination conçoit, mais que notre raison serait bien en peine d'expliquer. N'admettre comme belles que les choses qui sont parfaitement claires, c'est faire de la poésie bien moins un art qu'une science exacte.

D'ailleurs, bien que Boileau n'ait pas formulé cette conclusion, je ne crois pas qu'elle fût de nature à lui déplaire. On le voit bien à la façon dont il parle des poètes et apprécie leurs œuvres ; pour lui il n'y a que deux espèces d'ouvrages, ceux qui sont bons et ceux qui ne le sont pas, de même qu'en mathématiques une chose est vraie ou bien ne l'est pas. L'idéal de perfection est unique. Descartes l'avait déjà dit, et Boileau fait volontiers l'application de cette règle à la poésie :

> La raison pour marcher n'a souvent qu'une voie ;

il aurait pu dire qu'elle n'en a jamais qu'une ; une œuvre belle ne pourra être belle que d'une seule manière ; et toutes les œuvres belles, quelque différente que soit leur forme, seront également et identiquement belles :

> Un sonnet sans défaut vaut seul un long poème.

Aussi ne lui coûte-t-il rien de mettre Voiture à côté d'Horace (là où il est bon, il l'égale), et de prétendre ingénument que

> Racan pourrait chanter à défaut d'un Homère.

M. Nisard, tout imbu de cette théorie, a été jusqu'à prétendre que cette unité de perfection se traduisait par l'unité de style : « Je défierais le critique le plus exercé, s'il ne sait pas l'endroit de mémoire, de reconnaître à qui appartient une pensée exprimée en perfection. » Inversement Boileau déclare qu'en poésie

> Il n'est pas de degré du médiocre au pire :
> Qui dit froid écrivain, dit détestable auteur.

Ainsi se trouve expliquée en partie l'incroyable sévérité avec laquelle il a jugé Ronsard : le poète vendômois, par cela même qu'il n'a pas raison, a tout aussi tort, aux yeux du critique, que Pinchêne et Boyer : il est aussi mauvais qu'eux. Voilà qui simplifie singulièrement la tâche de la critique. De nos jours, son rôle est moins simple ; elle varie son idéal selon l'œuvre à laquelle elle s'applique ; elle procède avec moins d'assurance, elle fuit l'admiration sans réserve, le blâme sans restriction : elle s'ingénie à expliquer, à distinguer et à nuancer : a-t-elle tort ? a-t-elle raison ?

Une dernière conséquence, la plus grave de toutes, découle de la doctrine de Boileau : c'est qu'en suivant ces préceptes à la lettre, on risque d'aboutir à la banalité du fond et à la banalité de la forme. L'objet de la poésie, étant le vrai, se trouve également accessible à tous : c'est un fonds commun où chacun doit puiser, et auquel on ne peut rien ajouter. Aussi La Bruyère s'écriait-il avec découragement dès la première ligne de son livre : « Tout est dit depuis sept mille ans qu'il y a des hommes et qui pensent ;... il ne reste plus qu'à glaner après les anciens. » L'originalité est donc impossible à atteindre, ou plutôt, par un paradoxe évident, Boileau la fait résider dans la banalité même : « Qu'est-ce qu'une pensée neuve ? Ce n'est point, comme se le persuadent les ignorants, une pensée que personne n'a jamais eue, ni dû avoir : c'est, au contraire, une pensée qui a dû venir à tout le monde, et que quelqu'un s'avise le premier d'exprimer. » Si l'on vient trop tard, il faudra se résigner à n'être que le second, sous peine de se condamner au silence. De toutes façons, il est nécessaire de ne dire que des choses claires, qui puissent être comprises et goûtées de la généralité des lecteurs. Plaire au public est, sinon le but de l'art, du moins la marque infaillible qu'il a rempli son effet; le suffrage des connaisseurs n'offre aucune garantie : « Un ouvrage qui n'est point goûté du public, est un très méchant ouvrage. » Il faut donc n'exprimer que des idées communes et générales. Il n'y a qu'un pas à faire pour en conclure logiquement qu'il faut revêtir ces idées d'une forme qui soit commune et générale comme elles. Lorsque Boileau a dit dans un vers célèbre qu'il fallait appeler un chat un chat, il a seulement voulu donner un exemple de franchise et de libre parler, mais non un conseil de style; s'il ne recule pas toujours devant les mots réalistes, il lui arrive plus souvent encore de recourir aux périphrases les plus générales; au lieu de nous dire qu'il tire des coups de fusil aux moineaux, il s'exprime ainsi :

> Et d'un plomb qui suit l'œil et part avec l'éclair,
> Je vais faire la guerre aux habitants de l'air.

Ailleurs il se félicite naïvement d'avoir employé quatre vers fort élégants à dire qu'il avait cinquante-huit ans :

> Mais aujourd'hui qu'enfin la vieillesse venue,
> Sous mes faux cheveux blonds déjà toute chenue,
> A jeté sur ma tête, avec ses doigts pesants,
> Onze lustres complets surchargés de trois ans.

Buffon n'aura qu'à renchérir sur cette théorie pour édicter sa fameuse formule : *le style c'est l'homme*, c'est-à-dire le style doit être l'expression de la raison humaine, général et impersonnel comme elle. Ainsi le dernier terme de l'art classique est atteint : matière et forme, tout doit procéder également de la raison ; et comme il n'y a qu'une raison, il ne doit y avoir qu'un seul fonds de pensées, toujours le même, à la disposition des poètes, et il ne doit y avoir aussi qu'un style. On s'en aperçoit bien vite en lisant Delille, Baour Lormian ou Luce de Lancival: la poésie classique a fini dans la banalité; le fond et la forme en deviennent également vides : on peut dire alors qu'il n'y a plus rien et il n'y a plus personne.

Fort heureusement au XVIIe siècle les conséquences extrêmes de cette doctrine étaient loin de se faire sentir : Bossuet, Racine, Molière apportaient un tempérament propre, une sève de génie qui toute-puissante les a empêchés de se fondre dans cet idéal uniforme; ils ont mis beaucoup d'eux-mêmes dans leurs œuvres, en même temps qu'ils y mettaient beaucoup de raison. D'ailleurs cette théorie de l'art impersonnel, si exclusive qu'elle paraisse, est singulièrement belle, et constitue peut-être le principal titre de noblesse de la poésie française. C'est grâce à elle que notre littérature est vraiment classique, c'est-à-dire universelle, et toujours resplendissante à travers les âges. Elle n'est en un sens d'aucun temps et d'aucun pays, elle s'est attachée à peindre l'homme même, c'est-à-dire un type aussi vrai du temps d'Homère que de celui de Périclès, d'Auguste ou de Louis XIV. Ainsi se trouve expliquée cette excessive modestie de nos grands écrivains, qui, oublieux de leur propre originalité, s'abritaient derrière les anciens, satisfaits de marcher sur leurs traces glorieuses, et se contentaient de réaliser après eux cet idéal classique, toujours le même, commun à toutes les intelligences

LI.

L'IMITATION DES ANCIENS.

Nous touchons là au troisième précepte essentiel de la doctrine de Boileau, à la question de l'imitation des anciens.

Nous avons vu quelles avaient été les péripéties de la lutte engagée par Perrault, et comment Boileau avait médiocrement soutenu les assauts de son adversaire. Les *Réflexions sur Longin* ne valent certainement pas les *Parallèles*, ni pour l'effort de la pensée, ni pour l'agrément, ni pour le ton ; il est pourtant facile d'y surprendre l'opinion raisonnée de l'auteur, et de la confirmer par certains passages de l'*Art poétique* et de la *Correspondance*. On s'aperçoit alors que l'admiration de Boileau et de ses amis pour les ouvrages des anciens n'a pas été, comme on l'a trop souvent dit, un culte aveugle et superstitieux. Il n'y a du moins aucune idolâtrie dans le principe même de cette admiration. Nous en trouvons la preuve dans cette affirmation maintes fois répétée, qu' « il ne suffit pas qu'un ancien soit ancien pour être bon », et qu'il en pourrait citer beaucoup qui ne sont point excellents : il l'a fait du reste, avec beaucoup de bonne grâce, dans cette *Lettre à Perrault* où il fixait si bien les termes mêmes du débat, et où il faisait les concessions les plus sages à la thèse de son rival ; pour ne citer qu'un exemple, il y jugeait fort sévèrement « les déclamations plus pompeuses que raisonnables d'un prétendu Sénèque » et n'hésitait pas à leur préférer de beaucoup nos tragédies françaises. Dans l'*Art poétique* déjà, où il cite pourtant avec admiration les auteurs anciens et où il les propose à l'imitation des poètes, il avait raillé la prédilection du grand Corneille pour un poète qui n'en était pas digne :

> Tel s'est fait par ses vers distinguer à la ville,
> Qui jamais de Lucain n'a distingué Virgile.

Boileau est de ceux pour qui le titre d'ancien n'offre pas une garantie suffisante, et qui mettent entre les uns et les autres quelques différences Mais en vertu de quel principe les distingue-t-il ? Se fie-t-il à son sens individuel pour déclarer que celui-là est un modèle achevé, et que cet autre ne mérite pas nos hommages ? Quelle est la règle de sa critique ? ou, comme dirait Pascal, quelle est sa *montre ?* Boileau s'en est expliqué très clairement dans la *VIIe Réflexion sur Longin* ; il y proclame bien haut que ce qui nous garantit l'excellence d'Homère ou de Virgile, ce n'est pas qu'ils sont anciens, c'est que, depuis tant de siècles que leurs écrits sont dans les mains, ils n'ont pas cessé de plaire à la généralité des hommes. Là est la marque infaillible de leur génie ; c'est pour cela que nous pouvons les admirer de confiance à notre tour, et que nous devons même les imiter pour être assurés de faire une œuvre belle.

« Lorsque des écrivains ont été admirés durant un fort grand nombre de siècles et n'ont été méprisés que par quelques gens de goût bizarre (car il se trouve toujours des goûts dépravés), alors non seulement il y a de la témérité, mais il y a de la folie à vouloir douter du mérite de ces écrivains. Que si vous ne voyez point les beautés de leurs écrits, il ne faut point conclure qu'elles n'y sont point, mais que vous êtes aveugle et que vous n'avez point de goût. Le gros des hommes, à la longue, ne se trompe point sur les ouvrages de l'esprit..... Au reste, il ne faut point s'imaginer que dans ce nombre d'écrivains approuvés de tous les siècles, je veuille ici comprendre ces auteurs, à la vérité anciens, mais qui ne se sont acquis qu'une médiocre estime, comme Lycophron, Nonnus, Silius Italicus, l'auteur des tragédies attribuées à Sénèque, et plusieurs autres, à qui on peut non seulement comparer, mais à qui on peut, à mon avis, justement préférer beaucoup d'écrivains modernes. Je n'admets dans ce haut rang que ce petit nombre d'écrivains merveilleux dont le nom seul fait l'éloge, comme Homère, Platon, Cicéron, Virgile, etc. Et je ne règle point l'estime que je fais d'eux par le temps qu'il y a que leurs ouvrages durent, mais par le temps qu'il y a qu'on les admire. C'est de quoi il est bon d'avertir beaucoup de gens qui pourraient mal à propos croire ce que veut insinuer notre censeur, qu'on ne loue les anciens que parce qu'ils sont anciens, et qu'on ne blâme les modernes que parce qu'ils sont modernes : ce qui n'est pas du tout véritable, y ayant beaucoup d'anciens qu'on n'admire pas, et beaucoup de modernes que tout le monde loue. L'antiquité d'un écrivain n'est pas un titre certain de son mérite ; mais l'antique et constante admiration qu'on a toujours eue pour ses ouvrages est une preuve sûre et infaillible qu'on les doit admirer. »

Ainsi donc, pour Boileau, le criterium souverain de l'excellence d'un auteur, c'est le succès, non pas le succès d'un jour, mais l'approbation durable et raisonnée que consacrent les siècles écoulés : car, pour reprendre la formule même de Boileau, *le gros des hommes à la longue ne se trompe pas sur les ouvrages de l'esprit.* Et pourquoi ne se trompe-t-il pas ? Parce que, si des hommes si différents les uns des autres par leur origine, par leurs mœurs, par leur langage, ont pu à travers les siècles se réunir dans une admiration commune pour Homère ou Virgile, cela prouve que ces deux poètes ont vraiment peint la nature humaine, commune à tous, et partout identique ; ils ont donc vraiment atteint le but de l'art, qui est de représenter l'homme au naturel, dans son essence raisonnable, toujours la même,

> De Paris au Pérou, du Japon jusqu'à Rome.

Ainsi sont étroitement rattachés l'un à l'autre ces deux principes fondamentaux de l'esthétique de Boileau, qui semblaient tout d'abord incompatibles : suivre la nature, imiter les anciens. Le second précepte n'est que l'application expérimentale du premier.

Cela nous indique clairement quel est, dans la pensée de Boileau, le traitement qu'il est juste d'appliquer aux modernes. Il ne s'agit pas de les sacrifier aux anciens, et de déclarer qu'ils ne peuvent pas les valoir, par cela seul qu'ils sont modernes. Non ; Boileau ne serait pas très éloigné, je pense, d'admettre le principe de la thèse de Perrault sur la permanence des forces de la nature, et de reconnaître que le siècle de Louis le Grand a pu produire des génies aussi grands que celui de Périclès ou celui d'Auguste. Mais il n'ose pas l'affirmer, parce que ces écrivains, si recommandables qu'ils soient, n'ont pas encore subi l'épreuve du temps et parce que leur gloire n'a pas encore acquis de la sorte une garantie suffisante. Les hommes sont souvent très mauvais juges des ouvrages de leurs contemporains. Sans parler de Ronsard, porté aux nues par les Français de 1550 à 1580, et si lourdement déchu depuis, l'exemple de Balzac montre combien les engouements d'une époque peuvent être désavoués par l'époque qui suit ; on ne parlait de Balzac pendant un temps que comme du plus éloquent homme de son siècle, que dis-je ? comme du seul éloquent ; et trente années plus tard personne n'aurait osé imiter son style, tant il semblait gâté par une affectation et une enflure ridicules. Corneille même, depuis que Racine a paru, n'a plus semblé aussi beau :

« Tout son mérite à l'heure qu'il est, ayant été mis par le temps comme dans un creuset, se réduit à huit ou neuf pièces de théâtre qu'on admire, et qui sont, s'il faut ainsi parler, comme le midi de sa poésie, dont l'orient et l'occident n'ont rien valu... Ainsi, non seulement on ne trouve point mauvais qu'on lui compare aujourd'hui M. Racine, mais il se trouve même quantité de gens qui le lui préfèrent. La postérité jugera qui vaut le mieux des deux : car je suis persuadé que les écrits de l'un et de l'autre passeront aux siècles suivants ; mais jusque-là ni l'un ni l'autre ne doit être mis en parallèle avec Sophocle et avec Euripide, puisque leurs ouvrages n'ont point encore le sceau qu'ont les ouvrages d'Euripide ou de Sophocle, je veux dire l'approbation de plusieurs siècles. »

Donc le seul motif qui doive nous empêcher d'égaler les modernes aux anciens, c'est que nous ne sommes pas assurés que les ouvrages des modernes passent avec gloire à la postérité. Il ne convient pas qu'ils s'empressent de se tresser des couronnes de leurs propres mains et de se décerner des éloges que le temps ne ratifiera peut-être pas. Mais qu'ils prennent patience ; la postérité viendra pour eux, comme elle est venue pour les anciens, et elle saura apporter à ceux dont elle aura conservé la gloire un juste tribut d'admiration : alors ceux-là seront des anciens à leur tour, plus jeunes que Virgile et

Homère, mais assez vieux pour qu'on puisse les comparer sans danger à ces illustres précurseurs : alors on pourra dire avec assurance ce que Boileau n'osait pas affirmer en 1674 : que Molière a remporté le prix de la comédie sur Aristophane, sur Plaute et sur Térence ; alors on pourra dire de Racine, qu'il ne s'est pas borné à balancer Euripide, et qu'il est peut-être arrivé à le surpasser (1). Mais jusque-là on n'a pas le droit de prétendre une pareille chose.

Les plus grands écrivains du temps ont pensé comme Boileau. Ils se sont tous effacés volontairement derrière les anciens, parce qu'ils n'avaient pas la prétention de leur être égalés, de leur vivant du moins, ou surtout de leur être déclarés supérieurs. Ils s'efforçaient en même temps d'imiter ces anciens et de surprendre en eux le secret de ce parfait naturel qui les a fait admirer depuis tant de siècles. Racine, dans la préface d'*Iphigénie*, se fait gloire d'avoir emprunté à Euripide un bon nombre de passages qui ont été le plus approuvés dans sa tragédie : « Et je l'avoue d'autant plus volontiers, dit-il, que ces approbations m'ont confirmé dans l'estime et dans la vénération que j'ai toujours eues pour les ouvrages qui nous restent de l'antiquité. J'ai reconnu avec plaisir, par l'effet qu'a produit sur

---

(1) En 1699, Boileau composa en l'honneur de Racine qui venait de mourir un quatrain, où il le louait d'avoir su

Balancer Euripide et surpasser Corneille.

Là est véritablement l'expression de la pensée de Boileau ; mais pour ne pas offenser le parti de Corneille encore tout-puissant, il modifia ce vers et le remplaça par cet autre, qui est en contradiction formelle avec sa théorie sur les anciens et les modernes :

Surpasser Euripide et balancer Corneille.

C'est Brossette qui nous a raconté l'anecdote.

notre théâtre tout ce que j'ai imité ou d'Homère ou d'Euripide, que le bon sens et la raison étaient les mêmes dans tous les siècles. Le goût de Paris s'est trouvé conforme à celui d'Athènes. Mes spectateurs ont été émus des mêmes choses qui ont mis autrefois en larmes le plus savant peuple de la Grèce... » De même lorsque La Fontaine, dans l'*Épître à Huet*, proclamait bien haut que *son imitation n'était pas un esclavage*, qu'il se contentait de prendre l'idée et les tours et de faire entrer dans ses vers « sans nulle violence » quelque endroit reconnu excellent chez les auteurs anciens, il signifiait bien par là qu'il s'attachait seulement à reproduire le naturel de ces modèles. Voilà pourquoi le bonhomme, si éclectique qu'il parût dans ses lectures, mêlant ceux qui sont du Nord et ceux qui sont du Midi, associant Baruch à Rabelais, en revenait toujours avec prédilection aux écrivains les plus parfaits de l'antiquité classique, à Virgile, à Platon ; en eux il était assuré de trouver ce qu'il sentait en lui ; et dans son naïf enthousiasme il s'écriait alors

Art et guides, tout est dans les Champs Elysées.

Boileau, Racine, La Fontaine, La Bruyère se rencontrent ainsi sur ce terrain commun de l'imitation des anciens.

La noblesse incontestable de cette doctrine ne doit point cependant nous fermer les yeux sur ce qu'elle contenait d'étroit et de dangereux. L'amour que portaient tous ces grands hommes à ces vénérables modèles, n'était certainement pas aussi éclairé qu'il était ardent et désintéressé. Comprenaient-ils bien toujours cette antiquité dont ils voulaient s'inspirer? Ont-ils pénétré vraiment l'esprit dont elle vivait, et qui l'anime encore? Connaissaient-ils assez à fond la langue grecque et même la langue latine pour saisir toutes les nuances délicates de cette pensée? Quand ils louaient Homère ou Pindare, le faisaient-ils avec une entière clairvoyance et une intelligence exacte du génie de ces auteurs? Il est permis d'en douter. D'autre part, n'était-ce pas laisser une part trop petite à l'originalité, que de vouloir borner tout l'effort de la raison à la reproduction de pensées déjà exprimées? Si vaste qu'ait été le génie antique, les anciens ont-ils tout dit? Ont-ils satisfait par avance toutes les aspirations de l'esprit humain? N'y a-t-il qu'à glaner après eux, comme a dit La Bruyère, ou bien n'y a-t-il pas d'autres moissons à récolter, aussi belles et aussi fortes, qu'ils n'ont pas semées? Ces grands événements qu'ils n'ont pas prévus, l'avènement du christianisme, la Réforme et plus tard la Révolution française, n'ont-ils pas élargi et enrichi le domaine de la pensée humaine, et, à supposer que depuis Virgile il n'y ait pas eu progrès dans la forme, n'y a-t-il pas eu de progrès dans le fond et dans la substance même de la poésie? On ne saurait le nier: mais c'est rouvrir cette éternelle et toujours pressante querelle des anciens et des modernes, dans laquelle Boileau se flattait, peut-être à tort, d'avoir triomphé.

Malgré ces réserves, la doctrine classique de l'imitation des anciens n'en conserve pas moins un singulier caractère de dignité et de grandeur. Il se peut qu'elle ait fait son temps et qu'aujourd'hui notre esprit aime à embrasser un idéal plus vaste que celui qui suffisait à nos pères. Eux du moins, il semble bien qu'ils ont fait pour le mieux en dirigeant leur génie vers la contemplation des anciens. Quels modèles meilleurs avaient-ils à se proposer, dans un temps où les littératures étrangères étaient peu connues et avaient fort peu produit, et où la littérature française atteignait seulement avec eux son état de perfection ? En cherchant à imiter le naturel des Grecs et des Latins, et en abritant leurs ouvrages derrière la gloire de ces grands noms, ils n'ont pas seulement donné un grand exemple de modestie, ils ont aussi accompli un acte de sagesse et d'habileté. Parce qu'ils ont refusé de s'égarer dans des chemins inconnus, et sont restés en communion de génie avec Homère et Virgile, ils sont devenus à leur tour pour nous des anciens, après deux siècles écoulés qui ont consacré leur mérite. Cette gloire qu'ils n'ont pas voulu se décerner de leurs propres mains, ils la recueillent aujourd'hui au centuple, et ils sont honorés au même titre que les modèles qu'ils avaient imités : c'est justice, puisqu'ils ont poursuivi et réalisé le même idéal. La confiance que Boileau et ses amis plaçaient dans l'équitable avenir, n'a pas été déçue.

IV.

L'ART ET LA MORALE.

Chercher la règle et la matière du beau, non pas dans les caprices de l'imagination et de la mode, mais dans la nature vraie et permanente de l'homme, c'est-à-dire dans son essence raisonnable, et pour être plus sûr de ne pas se tromper, avoir toujours les yeux fixés sur les admirables modèles de l'antiquité dont le témoignage de tant de siècles nous garantit l'excellence : telle est dans ses grandes lignes la doctrine poétique de Boileau : pourtant elle ne serait pas complète, si l'on n'y joignait encore deux préceptes qui servent de couronnement nécessaire à tout le système. On les peut résumer ainsi : pour être un grand poète, il faut beaucoup de travail, et il faut aussi beaucoup de vertu.

> Vingt fois sur le métier remettez votre ouvrage...
> Aimez donc la vertu : nourrissez-en votre âme...

Boileau recommande donc également aux poètes le culte de la forme et le culte du bien, et il en fait, semble-t-il, la double condition de la réalisation parfaite du beau. C'est la vieille querelle de l'art pur et de la morale, qui est soulevée une fois de plus dans ces vers, et qui se trouve résolue dans l'idéal supérieur de la doctrine classique.

Que Boileau impose au poète la loi stricte du travail, cela n'a pas de quoi étonner, si l'on se reporte au principe fondamental de son esthétique. Du moment que la règle suprême est la raison et que la poésie doit se borner à exprimer des pensées communes, l'inspiration cesse d'être la qualité dominante du poète ; il ne s'agit pas tant pour lui, à vrai dire, d'avoir reçu du ciel quelque influence secrète, que de posséder tout simplement à un degré éminent, ce bon sens qui est le lot général de toutes les intelligences humaines ; dès lors l'originalité du poète consistera surtout dans le libre usage qu'il fera de cette chose du monde la plus répandue ; en d'autres termes, c'est le travail qui fera tout le mérite du poète. Buffon dira plus tard que le génie est une longue patience. Boileau proclame déjà à peu près la même règle, lorsqu'il montre aux jeunes gens que la gloire des vers n'est qu'à ce prix :

> Travaillez à loisir, quelque ordre qui vous presse,
> Et ne vous piquez point d'une folle vitesse :
> Un style si rapide et qui court en rimant
> Marque moins trop d'esprit que peu de jugement...
> Hâtez-vous lentement ; et, sans perdre courage,
> Vingt fois sur le métier remettez votre ouvrage :
> Polissez-le sans cesse et le repolissez ;
> Ajoutez quelquefois et souvent effacez.

Ce culte patient de la forme n'était pas nouveau dans l'histoire de la poésie française ; mais il n'était pas non plus très ancien : il datait exactement de Malherbe. Sans doute, les hommes de la Pléiade avaient été des travailleurs acharnés ; mais leur labeur, si considérable qu'il fût, était hâtif et précipité ; ils pâlissaient sur les exemplaires grecs et latins, ils essayaient d'embrasser l'antiquité tout entière, de tout lire, de tout savoir, de tout oser aussi ; ils se lançaient dans des entreprises qui dépassaient leurs forces ; ils écrivaient beaucoup, et très vite ; ils n'ont pas connu le travail minutieux du détail ni l'enrichissement de l'expression par la volonté patiente de l'artiste. Malherbe fit tout le contraire : il ignora Pindare et Lycophron, mais il travailla extrêmement ses vers. Après une longue vie de 73 ans, très peu remplie par les fonctions publiques, et consacrée presque exclusivement à la poésie, il ne nous a guère laissé que cent cinquante ou deux cents pages de vers, à peine la matière des *Sonnets à Cassandre*, ou *à Hélène* ! On a calculé qu'il n'a pas écrit en moyenne plus de trente-deux ou trente-trois vers par an. Il est facile de s'en moquer et de railler ces scrupules infinis : mais ce terrible regrat-

Georges de Scudéry

d'après une reproduction de la Bibliothèque Nationale.

teur des mots et des syllabes a du moins montré par son exemple combien la poésie gagne à être patiemment et longuement ciselée. Boileau est en cela son disciple : il tourne en dérision la facilité stérile d'un Scudéry :

> Bienheureux Scudéry dont la fertile plume
> Peut tout les mois sans peine enfanter un volume !

Il lui oppose les atermoiements et les labeurs pénibles d'un vrai poète,

> Qui plaît à tout le monde et ne saurait se plaire.

Lui-même, Boileau, n'en est-il pas un exemple ?

> ...Mais mon esprit, tremblant sur le choix de ses mots,
> N'en dira jamais un s'il ne tombe à propos,
> Et ne saurait souffrir qu'une phrase insipide
> Vienne à la fin d'un vers remplir la place vide ;
> Ainsi recommençant un ouvrage vingt fois,
> Si j'écris quatre mots, j'en effacerai trois.

Ses lettres à Brossette marquent d'une façon naïve les scrupules qu'il conserva, jusqu'à la fin de sa vie, sur l'excellence de ses vers, et l'habitude qu'il avait de se corriger sans cesse. Dans la préface qui est en tête de l'édition de 1701, il dit au lecteur qu'il a tout revu avec beaucoup de soin, et qu'il a retouché de nouveau plusieurs endroits de ses ouvrages :

« Car je ne suis point de ces auteurs fuyant la peine, et qui ne se croient plus obligés de rien raccommoder à leurs écrits, dès qu'ils les ont une fois donnés au public... Ce sont les ouvrages faits à la hâte et, comme on dit, au courant de la plume, qui sont ordinairement secs et forcés ! Un ouvrage ne doit point paraître trop travaillé, mais il ne saurait être trop travaillé, et c'est souvent le travail même qui, en le polissant, lui donne cette facilité tant vantée qui charme le lecteur. Voiture, qui paraît aisé, travaillait extrêmement ses ouvrages... Il y a bien de la différence entre des vers faciles et des vers facilement faits... On ne voit que des gens qui font aisément des choses médiocres ; mais des gens qui en fassent même difficilement de fort bonnes, on en trouve très peu. »

Il se vantait aussi d'avoir appris à Racine à faire difficilement des vers faciles. D'ailleurs, ce qu'il semblait estimer le plus chez Malherbe, c'était la perfection de la forme bien plus que l'excellence de la poésie.

« La vérité est, dit-il, que la nature ne l'avait pas fait grand poète, mais il corrige ce défaut par son esprit et par son travail. Car personne n'a plus travaillé ses ouvrages que lui, comme il paraît assez par le petit nombre de pièces qu'il a faites Notre langue veut être extrêmement travaillée. »

De quoi le loue-t-il dans un passage célèbre, sinon d'avoir fait sentir la cadence dans les vers, d'avoir enseigné le pouvoir d'un mot mis en sa place, d'avoir épuré et réparé la langue, d'avoir proscrit l'enjambement ? De quoi blâme-t-il surtout Ronsard, sinon d'avoir embrouillé la langue, parlé grec en français et employé de grands mots fastueux et pédantesques ? Cette courte et incomplète histoire de la poésie depuis Villon jusqu'à Malherbe n'est, au fond, qu'une histoire de la langue et de la versification française pendant le XVI° siècle. L'*Art poétique* est lui-même aux trois quarts rempli de préceptes techniques concernant le vocabulaire, le style, la métrique et la composition. Nous ne les énumérons pas ici, ils sont dans toutes les mémoires.

C'est ainsi que Boileau se posait en partisan et en législateur de la poésie difficile, par réaction contre les excès dont la période de la Fronde avait donné le spectacle ; jamais il n'y avait eu une pareille abondance de poètes et d'œuvres également médiocres ; jamais temps ne fut plus riche en pauvretés de toutes sortes. Il était naturel que Boileau vînt prêcher à ses contemporains la vertu toute-puissante du travail. Il a été lui même un véritable artiste, épris des moyens techniques de son art. Qu'il ait réalisé plus ou moins bien dans ses œuvres cet idéal difficile de la poésie, cela importe peu : il n'est pas moins curieux de constater chez ce fondateur de la doctrine classique une prédilection pour le côté formel de la poésie, et de voir en lui, pour ainsi dire, un précurseur de Théophile Gautier et des Parnassiens de notre siècle, un adepte, semble-t-il, de la théorie fameuse de l'art pour l'art.

L'art doit-il être exclusivement consacré à l'expression du beau, et se déclarer indifférent à toute préoccupation étrangère ? c'est-à-dire doit-il avoir sa fin en lui-même, et n'être en somme qu'un simple jeu, tirant toute sa dignité de l'idéal purement esthétique qu'il poursuit et de l'excellence des moyens qu'il emploie pour le réaliser ? — Ou bien l'art, pour atteindre pleinement son but, doit-il subordonner la forme à la pensée, et s'employer au service de quelque grande idée religieuse, morale ou politique ? en un mot, doit-il chercher à être utile ? Ces deux thèses ont eu des partisans dans tous les siècles, et le débat n'est pas encore clos. Depuis Diderot, il est certain que la théorie de l'art utile est plus en faveur en France que celle de l'art pour l'art ; de nos jours, les œuvres de V. Hugo et de M. Alexandre Dumas fils nous recommandent mieux que ne feraient les plus belles dissertations la cause de l'art moral et prêcheur. Valons-nous mieux que les grands écrivains du xviie siècle? Ce n'est pas sûr. Mais il faut reconnaître que nos ancêtres, et en particulier les grands classiques, éprouvaient moins que nous le besoin de mêler à la poésie des éléments qui lui sont naturellement étrangers, et qu'au fond ils étaient presque tous, jusqu'à un certain point, partisans de la doctrine de l'art désintéressé. Aux prétentions ambitieuses de Ronsard, dont la Muse prétendait régenter jusqu'aux rois, Malherbe avait répondu par cette boutade peut-être excessive qu'un bon poète n'est pas plus utile à l'État qu'un bon joueur de quilles. Corneille proclamait bien haut dans la préface de *Médée* que le but de la poésie dramatique était seulement de plaire, et, dans la préface de la *Suite du Menteur*, il reprenait avec une grande force la même thèse et mettait au défi « ceux du parti contraire » de trouver le mot d'*utilité* dans la *Poétique* d'Aristote. Cela prouve cependant qu'il y avait un parti contraire dès cette époque, et ce parti dura pendant tout le siècle; il se composait des moralistes de profession, et surtout des orateurs sacrés, qui ne pouvaient naturellement pas déserter la cause de la morale et de la religion. Mais leurs arguments, qui conviennent très bien à l'éloquence, ne pouvaient prévaloir dans la poésie, et à très peu d'exceptions près, tous les grands écrivains du siècle ont partagé sur ce point l'opinion de Corneille.

Il semble pourtant facile de les mettre en contradiction avec eux-mêmes et de leur opposer quelques-unes de leurs paroles les plus célèbres : c'est ainsi que La Fontaine a dit de la fable :

> En cet art difficile il faut *instruire* et plaire,
> Et conter pour conter me semble peu d'affaire

Molière, dans la préface du *Tartuffe*, proclame bien haut l'influence bienfaisante et morale de la comédie, et Racine dans celle de *Phèdre* ne dissimulait pas le dessein qu'il avait eu de faire une tragédie vertueuse, digne d'être approuvée par MM. de Port-Royal. Mais toutes ces affirmations, si positives qu'elles paraissent, ne sauraient prévaloir contre l'intention qui se dégage des œuvres mêmes de ces auteurs. Ce n'est pas le lieu de discuter ici la question de savoir quelle est la morale des fables de La Fontaine ou celle des comédies de Molière ; mais il saute aux yeux qu'elle n'a constitué la principale préoccupation ni de l'un ni de l'autre. La Fontaine a surtout conté pour conter, en dépit du consciencieux Ésope, et pour le plus grand plaisir des lecteurs ; Molière a attendu pour protester de ses intentions vertueuses que *Tartuffe* fût interdit, et sa belle théorie semble avoir tout juste la valeur d'une précaution oratoire ; pour Racine, il faut remarquer que *Phèdre* est précisément la tragédie qui l'a réconcilié avec Port-Royal, celle après laquelle il n'a plus voulu en faire, montrant bien par là que le plus sûr moyen de mettre d'accord l'art et la morale est encore de supprimer le premier de ces deux termes : je doute que l'auteur d'*Andromaque* ou de *Bajazet* eût professé en 1667 ou en 1672 la même théorie.

La vérité est que les auteurs classiques n'ont directement poursuivi dans leurs œuvres aucun autre but que la réalisation du beau : ils sont donc bien les uns et les autres les partisans de l'art libre. D'autre part, l'impression qui se dégage de leurs œuvres est saine et forte autant que purement plaisante ; et ce n'est pas à leur insu qu'ils se trouvent avoir si souvent réalisé cette union du beau intellectuel et du beau moral. Boileau, qui a formulé la doctrine de ses amis, nous montre bien la double endance de leur génie, ou plutôt ce double résultat auquel ils arrivent, de faire des œuvres à la fois belles et bonnes. Le premier chant de l'*Art poétique* est d'un bout à l'autre un hommage rendu au culte désintéressé de la forme ; le quatrième semble célébrer l'union de l'art avec le bien et avec la morale. Comment Boileau a-t-il fait pour concilier ces deux idées ?

Il faut d'abord remarquer que la théorie de l'art libre n'interdit pas le moins du monde au poète de traiter des sujets moraux, et d'y professer les sentiments les plus vertueux : si l'art est libre, cela veut dire, apparemment, qu'il n'a besoin d'aucun secours étranger pour réaliser la beauté, mais cela signifie aussi qu'il peut s'allier à la morale, de même qu'il peut s'en passer. Il est donc très raisonnable, tout en restant un partisan convaincu de la doctrine de l'art pour l'art, de préférer que cet art s'applique à des sujets élevés et nobles, parce qu'on y goûtera deux satisfactions au lieu d'une, un plaisir moral joint à un plaisir esthétique. Aussi Boileau a-t-il le droit de s'écrier aux jeunes gens :

> Auteurs, prêtez l'oreille à mes instructions.
> Voulez-vous faire *aimer* vos riches fictions ?
> Qu'en savantes leçons votre muse fertile
> Partout joigne au plaisant le solide et l'utile.
> Un lecteur sage fuit un vain amusement,
> Et veut mettre à profit son divertissement.

Dans ces vers, Boileau ne prétend pas le moins du monde qu'on ne puisse atteindre le beau qu'en le liant inséparablement avec le bien ; il veut seulement dire qu'une œuvre belle, qui par surcroît sera bonne, méritera, en même temps que les suffrages des gens de goût, l'estime et la sympathie des honnêtes gens, qui se confondent très souvent avec les premiers. Faire un bel ouvrage ne doit pas être la seule ambition d'un poète ; s'il fait une œuvre, qu'on ne se contente pas d'admirer, mais qu'on estime et qu'on aime, ce sera mieux encore.

Inversement, Boileau nous déclare :

> Je ne puis *estimer* ces dangereux auteurs
> Qui de l'honneur, en vers, infâmes déserteurs,
> Trahissant la vertu sur un papier coupable,
> Aux yeux de leurs lecteurs rendent le vice aimable.

Il ne saurait les estimer, mais il sent bien que ces auteurs peuvent dépenser beaucoup de talent et faire des œuvres très poétiques tout en trahissant l'honneur et la vertu : c'est pour cela même qu'il se met si fort en colère contre eux.

Si le but de la poésie n'est pas proprement de moraliser, Boileau reconnaît cependant que l'art et le bien ont ensemble quelque rapport ; personne plus que lui n'a insisté sur le mutuel appui qu'ils doivent se prêter ; seulement, cette union féconde, il l'exige, non pas dans l'objet poétique, mais dans le sujet, non pas dans l'œuvre, mais dans le poète. Le poète ne doit songer qu'au beau, lorsqu'il compose ; mais il doit lui-même, sous peine de ne pas réussir à réaliser la beauté parfaite, être un honnête homme.

> Que votre âme et vos mœurs peintes dans vos ouvrages
> N'offrent jamais de vous que de nobles images...
> Aimez donc la vertu, nourrissez-en votre âme:

> En vain l'esprit est plein d'une noble vigueur,
> Le vers se sent toujours des bassesses du cœur.

Admirable précepte, qui contient la solution la meilleure qu'on puisse apporter au grand problème de la moralité de l'art. Le domaine de l'art reste ainsi intact et inviolé ; l'idéal conçu par le génie n'est fait que de beauté, et aucun autre élément ne doit venir troubler sa resplendissante unité ; mais c'est dans le cœur de l'artiste qu'a dû s'opérer au préalable cette synthèse du beau et du bien. « Si l'âme ne devient belle, a dit Plotin, jamais elle ne verra la beauté. » La formule de Boileau est plus étroite, et à la prendre dans son sens littéral, un peu contestable : il faut bien avouer que parmi les beaux vers qui existent on en pourrait trouver plusieurs qui ne sont pas venus de cœurs exceptionnellement nobles ; mais la pensée qui a dicté cette formule célèbre n'en reste pas moins vraie : elle atteste la profonde unité de l'âme humaine, et l'alliance intime de la raison et de la vertu. L'art, libre dans ses moyens et dans son objet, est essentiellement moral dans sa source : un beau vers ne découvre pas toujours une belle âme, mais il est impossible qu'un grand poète n'ait pas un grand cœur.

C'est l'honneur de Boileau d'avoir ainsi élevé bien haut la dignité du poète, dans un temps où la personne des gens de lettres était souvent rabaissée, leur dos exposé aux coups de bâton, leur condition méprisée, et où ils justifiaient trop souvent par leur parasitisme et leur servilité, la fâcheuse opinion qu'on avait d'eux. Toute cette poésie de 1630 à 1660 se sent étrangement de la médiocrité morale des auteurs ; les Boisroberts et les Scarrons pullulaient alors, et Corneille ne suffisait pas à montrer, par son seul exemple, ce que la poésie gagne à venir d'un grand cœur. Il fallait que Boileau vînt formuler ce précepte et le gravât avec le même burin dont il ciselait les règles de l'*Art poétique* : c'était le digne couronnement de cette pure et belle doctrine que je résumerais ainsi : « Vous qui allez souvent chercher bien loin votre idéal de beauté, regardez en vous-même : vous le portez dans votre propre nature, dont l'essence est la raison : aimez donc cette raison, cultivez son objet, qui est le vrai, en dehors duquel rien n'est beau. D'ailleurs les poèmes des anciens sont là pour vous le prouver : imitez-les. Aimez le travail, qui n'est autre chose que l'exercice opiniâtre des facultés de votre raison, et sans lequel il n'y a pas d'œuvre parfaite. Aimez aussi la vertu, nourrissez-en votre âme, pour que vos vers resplendissent de cette beauté morale dont le foyer est dans votre cœur. Vous serez alors plus qu'un grand artiste, vous serez vraiment un poète. »

V.

LES GENRES.

Le premier et le quatrième chant de l'*Art poétique* sont consacrés à l'exposé des préceptes généraux qui s'adressent à tous les poètes sans exception : c'est comme le cadre immuable de la doctrine. Dans le deuxième et le troisième, Boileau passe en revue les différents genres de poésie, et fixe chemin faisant les règles qui conviennent à chacun d'eux. C'est la partie de beaucoup la plus contestable et la plus caduque de son œuvre.

Tout d'abord on est en droit de s'étonner qu'il n'ait pas sérieusement défini ces genres, qui contiennent, d'après lui, toutes les formes possibles de la poésie. Leur nombre n'en est pourtant pas infini, puisqu'il n'en a guère signalé que douze ou treize; leur importance, à en juger par ceux qu'il cite, est fort inégale : il eût été indispensable de nous dire ce qu'ils sont au juste, et d'où ils viennent. La question n'est pas, en effet, très facile à résoudre. Ces genres (par exemple l'épopée ou le madrigal) sont-ils seulement des formes arbitraires imaginées par la fantaisie des poètes, des sortes de catégories créées pour la commodité des critiques? ou bien existent-ils vraiment d'une vie propre, tirent-ils leur raison d'être de la nature elle-même et de la raison? Dans ce dernier cas, comment s'organisent-ils? comment se différencient-ils les uns des autres? comment arrivent-ils à réaliser des formes poétiques aussi dissemblables que l'est un madrigal d'une épopée?

Boileau ne nous l'a pas dit, et il ne semble même pas qu'il ait songé à se le demander à lui-même. Il n'émet pas le moindre doute sur l'existence et la légitimité de ces genres : pour lui la question ne se pose pas. M. Krantz a remarqué très ingénieusement à ce sujet comment on pourrait noter une analogie de plus entre l'esprit de Boileau et celui de Descartes : c'est le même mélange de hardiesse dans la méthode et de timidité dans la doctrine : Boileau admet les genres, sans les discuter, à peu près comme le philosophe admet ces formes nécessaires de la raison, qu'on a appelées les idées innées : l'effort de l'un et de l'autre portera sur les règles, bien plus que sur la définition du fond. Mais ces genres, auxquels Boileau croit d'une foi absolue, sont d'une essence moins simple et moins irréductible que les idées innées. Que Boileau pose comme indiscutable la forme de la tragédie, voilà qui est excessif; et voilà pourtant ce qui est sous-entendu dans son œuvre. Toutes les règles qu'il impose à l'art dramatique en reviennent toutes à cette question : étant donnée la tragédie, quelles sont les meilleures recettes pour en faire une bonne? Si bien qu'il n'affirme pas seulement par là l'existence d'un genre dramatique différent des genres épique ou lyrique (ce qui à la rigueur pourrait se passer de démonstration), mais l'existence de la forme de la tragédie comme étant l'expression unique et nécessaire du genre dramatique sérieux; de même la comédie, l'épopée, l'élégie, l'églogue, et tous les autres genres de poésie ont une existence propre en dehors des œuvres qu'on appelle des comédies, des épopées, des élégies, ou des églogues. Ce sont des types bien vivants et bien réels, qui sont antérieurs au poète et qui déterminent sa vocation et la mise en œuvre de ses facultés. C'est à lui de choisir, parmi ces genres qui s'offrent à lui, celui qui convient le mieux à son génie :

> L'un peut tracer en vers une amoureuse flamme ;
> L'autre d'un trait plaisant aiguiser l'épigramme ;
> Malherbe d'un héros peut vanter les exploits,
> Racan chanter Philis, les bergers et les bois.

Le poète n'accommode pas la poésie à son génie ; mais il doit reconnaître si son génie s'accommode de quelqu'un des dix ou douze genres de poésie qui existent, et en dehors desquels il n'y en a point d'autres. Et si l'on demande : pourquoi ceux-ci et non pas d'autres? la réponse est facile : Boileau a choisi ces genres-là tout simplement parce qu'ils existaient; il n'a eu qu'à jeter les yeux sur la littérature de son temps et sur celle des anciens, pour y constater l'existence et par conséquent la légitimité des genres. Nous saisissons là de nouveau l'application d'un principe cher à Boileau, la foi dans le consentement général; il lui suffit que la tragédie soit universellement acceptée de ses contemporains, pour qu'elle soit légitime et même nécessaire. Il est impossible de ne pas noter une contradiction étrange entre le caractère *a priori* qu'il assigne aux genres, et la méthode *a posteriori* par laquelle il les détermine.

Quels sont-ils, en définitive, ces genres consacrés? Grands et petits, la liste en est assez courte, elle ne contient pas plus de treize noms: les voici dans l'ordre où Boileau les a cités: l'*idylle*, l'*élégie*, l'*ode*, le *sonnet*, l'*épigramme*, le *rondeau*, la *ballade*, le *madrigal*, la *satire*, le *vaudeville*, la *tragédie*, l'*épopée*, et la *comédie*.

Signalons tout d'abord dans cette liste un peu bigarrée quelques omissions qui ont bien souvent été reprochées à Boileau : alors qu'il citait le vaudeville et le rondeau, il n'a pas nommé un genre de poésie infiniment plus important, et qui nous a valu des poèmes d'une éclatante beauté, comme *les Travaux et les Jours* d'Hésiode, le *De natura rerum* de Lucrèce, les *Géorgiques* de Virgile, que dis-je? l'*Art poétique* de Boileau. Cet oubli, volontaire ou non, ne concerne pas seulement la poésie didactique proprement dite, mais aussi d'autres genres qu'on y peut rattacher et qui méritaient bien de figurer dans cette nomenclature: l'épître et la fable.

Cette exclusion semble encore plus étrange,

quand on songe à l'amitié qui unissait alors Boileau à La Fontaine. Pour expliquer cette incroyable omission, on a invoqué divers motifs, dont aucun ne peut nous satisfaire pleinement et dont plusieurs sont même très peu vraisemblables. Est-il possible, par exemple, que Boileau ait par là voulu faire acte de courtisan, en évitant de prononcer le nom de celui qui avait défendu Fouquet, et qui fut toute sa vie assez mal vu de Louis XIV, à cause de la hardiesse de ses rimes et du libertinage un peu cynique de sa conduite? Tout ce que nous savons du caractère si droit et si franc de Boileau proteste contre une pareille imputation. On a dit aussi qu'il aurait sacrifié la fable, parce qu'il se sentait impuissant à en fournir une définition bien exacte : raison puérile, quand on songe que Boileau a résolu des difficultés bien plus grandes, et a réussi à faire du sonnet une description pour le moins tout aussi délicate. On a encore allégué que La Fontaine n'avait publié, au moment où Boileau composa l'*Art poétique*, que le premier recueil de ses fables, où il n'avait pas encore atteint à la perfection de son art, comme il devait le faire dans les livres suivants : mais les différences qu'on peut noter entre les deux recueils de La Fontaine ne sont pas telles, que le premier fût indigne d'être mentionné : ces six premiers livres nous sembleraient parfaits, si La Fontaine n'avait pas trouvé le moyen de se surpasser lui-même; Boileau ne devait pas éprouver plus de scrupule à les louer, qu'il n'en avait eu à célébrer la médiocre histoire de *Joconde*.

Il est plus vraisemblable de penser que Boileau a omis la fable, sinon involontairement, du moins par simple négligence, ou par esprit de routine, parce qu'il ne la trouvait mentionnée dans aucun des arts poétiques qu'il avait sous les yeux. Horace ne la nomme pas, malgré Ésope, de même qu'il n'avait pas nommé la poésie didactique, malgré Virgile. Boileau n'a pas jugé à propos d'avoir plus d'initiative, malgré La Fontaine ; il n'a pas compris qu'Horace, dans une causerie familière avec les Pisons, n'était pas forcé de tout dire, tandis que lui, Boileau, il l'avait pris sur un ton où il était forcé de ne rien omettre. D'ailleurs il se peut aussi qu'il se soit délibérément refusé à admettre la fable dans ce Panthéon des genres, qu'il ouvrait pourtant si généreusement au vaudeville et au rondeau. Il aurait dit à Louis Racine que s'il n'avait jamais nommé La Fontaine, c'est parce qu'il ne le regardait pas comme original, le fabuliste « n'étant créateur ni de ses sujets, ni de son style, qu'il avait pris chez Marot et chez Rabelais ». Si surprenante qu'elle nous paraisse, cette explication est peut-être la vraie : Boileau, tout en louant à plusieurs reprises le naturel du bonhomme, semble avoir fait une restriction singulière sur l'originalité de ce talent si personnel et si franc : c'est ainsi que dans la *Septième réflexion critique* sur Longin, où il oppose à la chute irrémédiable de Ronsard le succès durable de Marot et de Saint-Gelais dans la poésie légère, il ajoute : « Leurs ouvrages sont encore généralement estimés, jusque-là même que pour trouver l'air naïf en français, on a encore quelquefois recours à leur style, et c'est ce qui a si bien réussi au célèbre M. de La Fontaine. » Ainsi donc, pour Boileau, La Fontaine n'aurait eu aucun mérite original : les sujets ne lui appartiennent pas (mais en quoi lui appartiennent-ils moins qu'*Iphigénie* ou *Andromaque* appartenaient à Racine ?)

et son style ne lui appartient pas non plus : comme si ce naturel, que le fabuliste a si heureusement exprimé, était à Marot ou à Saint-Gelais plus qu'à lui ! Je voudrais croire que telle n'a pas été vraiment l'opinion de Boileau sur le génie de son ami, et n'avoir pas à noter cette défaillance d'un goût presque toujours si sûr et si avisé.

La classification qu'a adoptée Boileau pour diviser les genres en deux groupes peut donner lieu aussi à quelques critiques. Cette séparation en petits genres et en grands genres semble peu fondée. Il y a certainement de très grands et de très petits poètes ; mais qu'il existe une hiérarchie parmi les genres de poésie eux-mêmes, que les uns soient ducs et pairs et les autres simples gentilshommes, voilà qui n'est pas suffisamment prouvé, et qui constitue en tout cas une classification aussi artificielle que celle qu'emploiera Buffon le siècle suivant dans son *Histoire naturelle*. Ce qui importe, ce n'est pas la dignité des genres, qualité toujours contestable et toujours sujette aux caprices de la mode, c'est leur parenté vraie, les rapports qui les lient les uns aux autres, soit par la succession de leur développement dans l'histoire, soit par l'affinité de leur nature. Il y avait là les éléments d'une classification vraiment scientifique, à laquelle Boileau n'a pas songé.

L'ordre dans lequel ils sont énumérés n'est pas plus rationnel ; et c'est là que nous surprenons une des faiblesses de l'art classique, ou tout au moins de l'art de Boileau, qui sacrifie parfois la vérité du fond à des raisons d'arrangement extérieur. Le souci de la *variété* ou celui des *transitions* apparaît d'une façon malheureuse dans la façon dont ces genres sont rangés, et dont l'auteur passe de l'un à l'autre. Il établit tout d'abord une hiérarchie artificielle entre l'églogue, l'élégie et l'ode, la seconde ayant « un ton un peu plus haut » que la première, et la troisième possédant « plus d'éclat et non moins d'énergie » que la seconde : c'est comme si on classait les gens sur leur mine ou sur le lustre de leurs habits. La transition qui nous fait passer de l'ode au sonnet est si imprévue, qu'il serait cruel de trop insister, non plus que sur l'origine fantaisiste qu'il attribue à ce dernier genre. Du sonnet il passe à l'épigramme, « plus libre en un tour plus borné », puis sans transition apparente au rondeau, à la ballade et au madrigal, qu'il fait bien du reste de ne pas séparer. Vient ensuite la satire, on ne sait pourquoi. Seul le vaudeville est logiquement rattaché au genre précédent, c'est à dire à la satire, dont il est pour ainsi dire provigné. Les grands genres ne sont pas mieux rangés que les petits : Boileau intercale l'épopée entre la tragédie et la comédie, c'est-à-dire entre les deux formes sœurs du poème dramatique. Pourquoi a-t-il ainsi rompu l'ordre naturel? Sans doute pour varier son sujet; peut-être aussi par un secret sentiment de la hiérarchie, à cause de l'éclat de la tragédie à cette époque et de l'indignité où l'on tenait la comédie malgré Molière; ou bien enfin pour rendre bien visibles aux yeux ces barrières qu'il élevait, au nom de la séparation des genres, entre la tragédie et la comédie.

Ce qui rend plus sensible ce défaut de classification, c'est l'importance extrême que Boileau attache à la constitution de chacun de ces genres, qu'il a, semble-t-il, si arbitrairement choisis Non seulement cette liste est fermée, et l'on ne saurait songer à ajouter un nom à ceux qui sont cités, mais l'essence de chacun est fixe et immuable. Chaque genre a son idéal particulier, son domaine propre, ses recettes spéciales : ce sont autant de petits royaumes isolés les uns des autres par de vraies murailles de la Chine, et qui ne vivent que de leurs ressources indigènes :

> Tout poème est brillant de sa propre beauté.
> Le rondeau, né gaulois, a la naïveté.
> La ballade, asservie à ses vieilles maximes,
> Souvent doit tout son lustre au caprice des rimes.
> Le madrigal, plus simple et plus noble en son tour,
> Respire la douceur, la tendresse et l'amour.

Le poète ne doit donc pas sortir du cadre que la nature même du genre traité lui impose : cette loi de la séparation des genres, que les anciens n'avaient pas connue, devient pour l'esprit un peu étroit de Boileau une nécessité de l'art, et nous verrons plus tard avec quelle force il l'invoque pour empêcher le mélange du comique et du tragique. C'est pour chaque genre une condition absolue de perfectionnement et même de vie, que de rester rigoureusement cantonné dans les limites mêmes de sa nature, et de ne pas s'altérer au contact d'un genre étranger. L'artiste doit s'efforcer d'atteindre cet idéal particulier, ce point unique de perfection, qui, selon le mot célèbre de La Bruyère, ressemble au point de bonté et de maturité qui est dans la nature. La plus belle époque sera celle qui fixera dans des chefs-d'œuvre le plus grand nombre de ces types de perfection et pour le plus long temps possible.

Ainsi se dévoile cette tendance à l'immobilité qui est au fond de l'art classique, et qui le distingue si profondément de ce qu'on a appelé le romantisme : il ne s'agit pas d'innover ni de marcher à la recherche de je ne sais quel idéal non encore entrevu : il s'agit de conserver, de fixer par le génie l'idéal de chaque genre, de fixer même (telle a été l'ambition du grand siècle) cette chose essentiellement fuyante et changeante, qui est la langue. C'est ainsi que pour Nisard il est bien simple d'embrasser d'un seul coup d'œil toute l'histoire de la littérature française : jusqu'au moment où se manifeste dans la litérature cet état d'équilibre parfait qui distingue le siècle de Louis XIV, tout est confusion et chaos ; du jour où cet équilibre est rompu, c'est la décadence, c'est l'histoire des pertes qui commence. C'était, à coup sûr, se faire une conception trop étroite de l'idéal poétique et confondre avec les genres qu'on peut appeler métaphysiques (genres dramatique, lyrique, etc.) et qui ne changent point, les manifestations sensibles de ces mêmes genres, qui, elles, sont par leur nombre et par leur forme indéterminées et variables ; ces genres-là, qu'ils s'appellent la tragédie ou le drame romantique, se modifient et se transforment sans cesse : ils sont, comme les genres et les espèces de la nature, en perpétuelle évolution. C'est en vain qu'on prétendra en fixer un seul et l'enfermer dans des lois immuables ; si son nom ne change pas, sa nature changera : l'idylle dont parle Boileau au deuxième chant de l'*Art poétique* n'a que le nom de commun avec l'εἰδύλλιον de Théocrite, et la tragédie de son ami Racine ressemblait beaucoup moins qu'il ne pensait à celle d'Eschyle ou de Sophocle. Il ne se doutait pas non plus que ces genres pouvaient disparaître comme ils étaient nés, et être remplacés dans la concurrence vitale par des genres plus jeunes ; il ne savait pas non plus combien sont illusoires ces barrières qu'il dressait entre eux, et comment elles ne les empêchent pas de se pénétrer sans cesse, et de se mêler dans des transformations indéfinies d'où ils sortent renouvelés et méconnaissables : c'est ainsi que notre roman contemporain est né au xviiie siècle de la comédie classique, et que notre poésie lyrique vient en droite ligne de la prose de Rousseau.

On ne doit donc pas accepter sans de graves réserves cette théorie des genres fermés et immuables que Boileau a développée dans le deuxième et le troisième chant de l'*Art poétique* ; mais on ne peut d'autre part se défendre d'un sentiment d'admiration pour cet édifice régulier et grandiose, qui a abrité pendant un temps si glorieux la fortune poétique de la France.

VI.

LA TRAGÉDIE, L'ÉPOPÉE, LA COMÉDIE.

A tout seigneur tout honneur : c'est par la tragédie que Boileau inaugure l'étude des grands genres au troisième chant de l'*Art poétique ;* il avait bien compris qu'elle était le premier de tous par l'importance et par la dignité, celui dans lequel se reconnaissait le plus volontiers le génie national. Il était donc légitime qu'il commençât par elle.

On a souvent relevé les graves erreurs que commet Boileau dans le rapide exposé qu'il fait du développement de la tragédie en Grèce et en France ; il confond, semble-t-il, Thespis et Susarion, le brodequin avec le cothurne ; il caractérise bien faiblement Sophocle ; il méconnaît absolument ou plutôt il ignore toute la production dramatique du moyen âge, ces mystères et ces miracles si imparfaits, mais si vraiment nationaux et populaires : il prétend que le théâtre fut longtemps chez nous *abhorré* (c'est *adoré* qu'il eût fallu dire) ; il traite on ne sait pourquoi de *pèlerins* les confrères de la Passion, et se figure qu'ils sont montés les premiers sur la scène ; enfin il apprécie très inexactement les causes de la disparition des mystères, lorsqu'il l'attribue au seul « savoir dissipant l'ignorance » et non à l'état religieux des esprits et aux menaces de la Réforme. En cela Boileau partageait l'aveuglement de ses contemporains, qui croyaient qu'il n'y avait eu que barbarie avant Malherbe. On peut regretter pourtant qu'il ne semble pas s'être douté de la grande différence qui séparait la tragédie grecque de la tragédie française : d'une part un drame complet, religieux, national, dans la représentation duquel communiait tout un peuple et qui réunissait en lui seul tous les arts, sorte d'épopée lyrique, animée par le dialogue, allant aux yeux par le décor, et s'insinuant au plus profond du cœur par la musique ; d'autre part une action simple, la représentation d'une crise, d'un problème moral à résoudre, où tout s'enchaîne, et marche au dénouement, presque sans lyrisme et sans épopée, mais avec la logique de la nature, et où les personnages simplifiés découvrent toute leur âme dans une seule passion, profondément analysée : telle est la tragédie de Sophocle et telle est celle de Racine ; et, plutôt que de s'en prendre au moyen âge mal connu, il eût été préférable de les distinguer nettement.

Boileau traite successivement du sujet, de l'action et des personnages de la tragédie.

Les sujets ordinaires de la tragédie seront pris dans la légende ou dans l'histoire ancienne ; nulle part, à vrai dire, il n'interdit explicitement au poète de puiser à d'autres sources, mais nulle part aussi il ne laisse entendre qu'il soit loisible d'y puiser ; au contraire il critique vivement les mystères pour avoir osé « jouer les saints, la Vierge et Dieu par piété » et pousse un soupir de satisfaction en songeant à l'avènement de la tragédie en France, dont il oublie de faire honneur à Jodelle :

> On vit renaître Hector, Andromaque, Ilion.

Cette règle était certainement trop étroite, et rien dans l'essence de la tragédie ne s'opposait à ce que les poètes missent d'autres sujets à la scène que ceux indiqués par les Grecs et les Latins. En fait, les sujets nationaux ou religieux avaient persisté en France presque jusqu'à l'époque où Boileau écrivait: l'*Ecossaise* de Montchrestien, et à une date plus récente *Polyeucte* et *Saint Genest*, montraient assez que la fortune de la tragédie n'était pas liée à celle de la légende ou de la mythologie. De plus, c'était se montrer singulièrement ingrat envers la plus belle de nos tragédies, celle dont on a dit qu'elle a rendu possibles toutes les autres, ce *Cid*, dont le sujet était emprunté au moyen âge chevaleresque et chrétien. Boileau privait ainsi le théâtre d'une grande ressource, et rien ne devait précipiter plus rapidement la décadence de la tragédie que cette pénurie et cette monotonie banale des sujets : quand Voltaire, au siècle suivant, essaiera d'y remédier, il sera trop tard.

La règle par laquelle Boileau recommande de rechercher les sujets les plus pathétiques découle naturellement de l'idéal tragique : il faut représenter des événements extraordinaires comme l'histoire d'Œdipe ou d'Oreste ; il ne faut même pas reculer devant l'horrible, à condition que

> D'un pinceau délicat l'artifice agréable
> Du plus affreux objet *fasse* un objet aimable.

Ainsi seront émues au fond de l'âme du spectateur ces deux passions qu'Aristote dit convenir à la tragédie, la terreur et la pitié, rendues *charmantes* et *douces* par le génie créateur de l'artiste. Conseil excellent, si l'on n'entrevoyait pas les restrictions qui se cachent sous les formules, et si l'on ne craignait que la place assignée à l'art dans l'expression de la passion ne soit un peu trop grande.

Ce que dit Boileau de l'exposition de l'action dramatique ne saurait faire l'objet d'aucune réserve :

> Le sujet n'est jamais assez tôt expliqué.

Plutôt que de mal débrouiller une pénible intrigue, l'auteur doit faire décliner au personnage son nom et sa qualité, comme fait souvent Euripide, et comme Racine le fera au premier vers d'*Iphigénie*. Ce passage contient, au dire de Brossette, une critique indirecte de certaines expositions de Corneille, celle de *Cinna* ou celle d'*Héraclius* ; ce n'est pas d'ailleurs la seule allusion maligne que Boileau ait faite à la facture un peu gauche du grand poète.

Le point capital de ce petit traité d'art tragique est le passage où Boileau édicte en des vers inoubliables la fameuse règle des trois unités :

Qu'en un lieu, qu'en un jour, un seul fait accompli
Tienne jusqu'à la fin le théâtre rempli.

Ce n'est plus cette fois un simple conseil, mais une obligation stricte, à laquelle il est interdit de se soustraire ; au ton du poète, devenu impératif et doctoral, on sent qu'on est en face de la loi constitutive de la tragédie. Cette célèbre formule a donné lieu à des commentaires souvent inexacts et à des discussions passionnées : tâchons d'en fixer exactement la signification.

Aristote a dit tout simplement : « La tragédie s'efforce de se renfermer dans un tour de soleil », prescription toute naturelle, si l'on songe que le spectacle sur la scène grecque était ininterrompu, et que l'unité forcée du lieu devait amener, sous peine d'invraisemblance trop forte, la concentration des événements représentés dans un temps assez restreint : d'ailleurs Aristote, philosophant *a posteriori* sur la tragédie de Sophocle et d'Euripide, ne songeait nullement à légiférer, comme fera plus tard Boileau. Le théâtre moderne, plus exigeant, a tiré de cette inoffensive remarque la « règle des trois unités » : le Trissin, en Italie, Cervantes et Tirso de Molina, en Espagne, et chez nous Jules-César Scaliger, Jean de la Taille, Chapelain, Mairet, l'abbé d'Aubignac ont, avant Boileau, indiqué cette loi en des termes presque identiques : Jodelle l'avait appliquée d'instinct dans sa *Cléopâtre* et dans sa *Didon*. Boileau n'a fait que la reprendre, et la graver dans son *Art poétique ;* il a codifié avec autorité le précepte depuis longtemps formulé.

La valeur de cette règle a été souvent contestée, et l'on ne s'est pas fait faute de railler ces malheureuses unités de lieu et de temps : « Quoi de plus invraisemblable et de plus absurde que ce vestibule, ce péristyle, cette antichambre, lieu banal où nos tragédies ont la complaisance de venir se dérouler, où arrivent, on ne sait comment, les conspirateurs, pour déclamer contre le tyran, le tyran pour déclamer contre les conspirateurs, chacun à leur tour?... Verser la même dose de temps à tous les événements ! appliquer la même mesure sur tout ! On rirait d'un cordonnier qui voudrait mettre le même soulier à tous les pieds (1) ! » Il est bien évident qu'aujourd'hui, dans notre théâtre affranchi et quelque peu anarchique, ces deux unités sembleraient une gêne insupportable, et qu'elles doivent s'effacer l'une et l'autre devant la troisième, l'unité d'ensemble, que Victor Hugo déclare être prise des entrailles de l'art : « L'art est un miroir de concentration qui ramasse et condense les rayons et fait d'une lumière une flamme. » Si le poète est forcé de se plier à cette unité indispensable, il reste seul juge des proportions de son œuvre, et mesure comme il lui plaît le cadre de son sujet : il n'a que faire du *vestibule* classique et du *tour de soleil* d'Aristote. Oui, tout cela est certain, et il n'est personne qui songe aujourd'hui à ressusciter ces vieilles défenses. Il n'en reste pas moins vrai que, si la règle des unités de temps et de lieu ne découle pas nécessairement de l'essence de l'art dramatique, elle convient du moins tout à fait à cette forme du drame, aujourd'hui disparue, qui est la tragédie ; à tel point que la tragédie parfaite ne peut guère se concevoir sans elle. Peu de matière (*argumentum quam brevissimum*), peu de mouvement exté-

---

(1) Victor Hugo. *Préface de Cromwell.*

rieur, peu de personnages, peu de passions dans ces personnages : tel semblait être le programme de la tragédie. Mais ce qu'elle perdait en étendue, elle le regagnait en profondeur par une science consommée de l'action dramatique, et une analyse pénétrante des ressorts de l'âme humaine. Dès lors il était inutile de lui laisser une liberté d'allures dont elle n'avait pas besoin, et qui eût pu l'entraîner loin de son idéal propre : il valait mieux lui assigner un cadre fixe, la cantonner étroitement dans son domaine, pour s'assurer qu'elle portât tous ses efforts vers le but auquel elle devait tendre, c'est-à-dire vers le développement logique d'une crise morale. Cette crise, il faut qu'elle aille vite, et la loi des vingt-quatre heures est là pour en presser le mouvement ; et par cela même qu'elle va vite, il est plus sage aussi de ne pas changer le lieu de la scène : c'est une garantie de plus, pour que le poète se consacre tout entier à la peinture du cœur humain, sans se laisser distraire aux fleurs de la route. Cette contrainte pouvait gêner un génie indépendant comme Corneille, qui cherchait toujours de nouvelles voies ; mais Racine a montré comment un esprit plus souple se pliait facilement à cette discipline. L'unité devait être la règle absolue de la tragédie, comme elle est l'attribut essentiel de la raison elle-même.

C'est donc au nom de la vraisemblance et de la raison que l'art classique imposait à la tragédie ces prescriptions rigoureuses : la pire des conventions n'est-elle pas celle qui autoriserait le poète à représenter en quelques heures des événements qui n'ont pu se dérouler que pendant le cours d'une année ? Les Espagnols peuvent se permettre de pareilles fantaisies, mais non les compatriotes et les disciples de Descartes :

> Un rimeur, sans péril, delà les Pyrénées,
> Sur la scène en un jour renferme des années.
> Là, souvent le héros d'un spectacle grossier,
> Enfant au premier acte, est barbon au dernier.
> Mais nous, que la *raison* à ses règles engage,
> Nous voulons qu'avec art l'action se ménage....
> Jamais au spectateur n'offrez rien d'incroyable.

Pour le même motif, il faut reculer des yeux et offrir à l'oreille seule bien des sujets dont la vue nous choquerait :

> Ce qu'on ne doit point voir, qu'un récit nous l'expose.

Les actions trop violentes déconcertent la raison et ne font qu'irriter les sens ; bien loin de servir l'intérêt général du drame, elles en détournent l'esprit, et nuisent à la déduction logique des événements. Car la tragédie doit avant tout être une crise qui se hâte vers la catastrophe :

> Que le trouble toujours croissant de scène en scène,
> A son comble arrivé se débrouille sans peine.

La Bruyère développera cette idée dans un passage célèbre des *Caractères* où il montre en des termes saisissants le *progrès* du poème tragique : « Le poème tragique vous serre le cœur dès son commencement, vous laisse à peine dans tout son progrès la liberté de respirer et le temps de vous remettre, ou, s'il vous donne quelque relâche, c'est pour vous replonger dans de nouveaux abîmes et dans de nouvelles alarmes. Il vous conduit à la terreur par la pitié, ou réciproquement à la pitié par le terrible ; vous mène par les larmes, par les sanglots, par l'incertitude, par l'espérance, par la crainte, par les surprises et par l'horreur jusqu'à la catastrophe. »

Le personnage tragique doit être choisi de préférence parmi les héros de la légende et de l'histoire ancienne : c'est à peine si Boileau semble reconnaître au poète le droit d'inventer l'idée d'un nouveau personnage. En tout cas, que ce héros soit jusqu'au bout tel qu'on l'a vu d'abord, selon le précepte d'Horace :

> ..... servetur ad imum
> Qualis ab incœpto processerit, et sibi constet.

Qu'il ne soit pourtant pas parfait. Aristote a dit avec raison que, pour nous intéresser, un personnage ne doit être ni tout à fait bon, ni tout à fait méchant ; il faut donc quelques faiblesses aux grands cœurs, pour qu'on retrouve en eux l'image de l'humanité : Achille doit être bouillant et prompt, Agamemnon fier, superbe et intéressé. Puisque l'amour règne au théâtre comme dans les romans,

> Peignez donc, j'y consens, les héros amoureux ;
> Mais ne m'en formez pas des bergers doucereux.
> . . . .
> Et que l'amour, souvent de remords combattu,
> Paraisse une faiblesse et non une vertu.

Dans cette prescription, nous retrouvons l'ami de Port-Royal et de Racine, le futur défenseur de Phèdre, « malgré soi perfide, incestueuse ». Étrange malentendu : dans ces vers, Boileau semble viser clairement le théâtre de Corneille, et reprocher au grand poète d'avoir présenté trop souvent l'amour comme une vertu, en l'identifiant aux plus nobles passions, par exemple au sentiment de l'honneur et du patriotisme, dans le *Cid* ou dans *Nicomède* ; or, si Corneille idéalisait ainsi l'amour dans le cœur de ses héros, c'était par un égal scrupule d'honnêteté. Ainsi purifié et anobli, est-il plus dangereux que lorsqu'il se présente à nous dans une molle et véridique peinture? Il y a quelque paradoxe à prétendre que la tendresse héroïque d'une Chimène ou d'une Pauline distille dans les âmes un poison plus subtil que les emportements amoureux d'Hermione ou de Roxane. Il semble que l'amitié de Racine ait un peu égaré sur ce point le bon sens ordinairement si ferme de Despréaux.

En retour, on doit louer sans restriction ce précepte qui nous paraît plus juste et plus neuf que jamais après deux siècles écoulés :

> Des siècles, des pays étudiez les mœurs :
> Les climats font souvent les diverses humeurs.

Il est curieux de trouver énoncé dans l'*Art poétique* ce principe au nom duquel se fera la révolution romantique de 1827. Boileau, sans doute, ne recommandait pas au poète de pousser trop loin le soin de la couleur locale et de la fidélité historique, et il eût été fort étonné s'il eût pu prévoir les conséquences extrêmes de cette règle; d'ailleurs il ne s'agissait pas, à vrai dire, du costume et du pittoresque dont on abuse de notre temps, mais seulement de la conformité des caractères avec les données de l'histoire. D'autre part, il ne semble pas que Boileau, non plus que Corneille et Racine, ait toujours su pénétrer dans la pensée de ces anciens trop systématiquement imités : leurs Romains, pour être plus vrais que ceux de Mlle de Scudéry, ne ressemblent pas toujours à ceux que Mommsen et nos historiens nous ont restitués de nos jours. Il n'en faut pas moins savoir gré à Boileau d'avoir réagi, autant qu'il pouvait le faire, contre les peintures de convention qui s'étalaient dans les romans et dans les pièces du temps, et d'avoir protesté, au nom de la vérité méconnue, contre les Catons galants et les Brutus damerets; ces vers de l'*Art poétique* ne sont guère moins hardis pour l'époque que ne le seront, un siècle et demi plus tard, les revendications de la préface de *Cromwell*.

Boileau revient en terminant sur la difficulté de l'art dramatique et sur la règle souveraine qui est d'abord « de plaire et de toucher »; de même Molière avait dit, dans la *Critique*, en parlant de la comédie : « Je voudrais bien savoir si la grande règle de toutes les règles n'est pas de plaire, et si une pièce de théâtre qui attrape son but n'a pas suivi un bon chemin? » Une tragédie qui a plu est certainement aussi aux yeux de Boileau une tragédie qui a suivi le bon chemin; et il n'y a aucune contradiction dans son esprit à soumettre ainsi à une sorte de plébiscite populaire ces mêmes règles qu'il avait rigoureusement déduites des principes de la raison: une œuvre n'est-elle pas garantie excellente, quand elle agrée à ce juge souverain, qui a plus de bon sens et de raison que chacun de nous, c'est-à-dire au public des honnêtes gens? La tragédie, moins qu'aucun autre genre, ne doit échapper à cette consécration populaire ; et au xviie siècle, elle n'y a pas manqué.

L'épopée n'a pas eu ce bonheur. Les Français, comme on l'a prétendu, n'ont-ils vraiment pas la tête épique? Cela n'a pas empêché en tout cas poètes et théoriciens de s'efforcer à l'envi: Ronsard, Chapelain, Desmarets, Boileau, le Père Le Bossu, Voltaire ont disserté à leur tour sur les conditions du genre : et pourtant l'âge classique a vainement attendu le chef-d'œuvre promis. Les règles de l'épopée que Boileau expose au troisième chant de l'*Art poétique* ont tout d'abord à nos yeux ce grave défaut, qu'elles n'ont pas été légitimées par le succès.

Elles en ont un plus grave encore : c'est que Boileau semble s'être complètement mépris sur la nature même de ce genre dont il cherchait à fixer les lois. Est-il exact de dire, pour toute définition, que la poésie épique

> Dans le vaste récit d'une longue action
> Se soutient par la fable et vit de fiction ?

La longueur du poème est-elle la condition expresse de l'inspiration épique ? N'y a-t-il d'épopée que là où il y a un grand œuvre, et telle petite pièce de la *Légende des siècles* ne réalisera-t-elle pas cent fois mieux l'idéal du genre que l'*Alaric* de Scudéry ou le *Childebrand* de Carel de Sainte-Garde ?

Mais, ce qui est plus contestable encore, l'épopée ne vit-elle vraiment que de fiction, et ne se soutient-elle que par la fable, c'est-à-dire par la mythologie ? Rien n'est moins certain que ce principe affirmé par Boileau avec trop d'assurance. Il ne suffit pas d'alléguer l'exemple de l'*Iliade* et de l'*Énéide* et de s'en rapporter aveuglément à ce qu'ont fait les anciens. Une imitation plus intelligente de ces mêmes auteurs toujours invoqués eût amené Boileau à des conclusions tout à fait différentes. Ces dieux d'Homère ne sont pas du tout, comme il l'a cru, « éclos du cerveau des poètes », mais ils étaient à cette époque des divinités révérées et adorées dans la Grèce entière ; cette mythologie n'était pas un ornement littéraire, propre à égayer un poème, mais c'était la religion même de ces temps primitifs, où l'imagination des hommes peuplait de dieux toute la nature, et symbolisait naïvement dans des mythes les spectacles incompris qui se déroulaient aux yeux. Dès lors la meilleure manière d'imiter Homère ne serait-elle pas de faire comme il a fait, c'est-à-dire de chanter notre patrie et notre Dieu? Quant à Virgile, s'il n'a plus apporté dans l'emploi des fictions la même candeur, il était resté du moins païen d'habitude et d'imagination; Jupiter, Vénus et Junon étaient encore, à tout prendre, les dieux officiels de Rome, et l'*Enéide* demeure un admirable monument élevé par un poète à la grandeur et à la gloire de son pays. Suffit-il pour imiter Virgile de peindre après lui « Neptune en courroux » ou « Junon constante en son aversion »? Qui ne voit que ces fictions, si fécondes et si belles chez les Grecs et les Romains, ne deviennent plus, après dix-sept cents ans, sous la plume d'un poète janséniste, que de froides formules, absolument vides de poésie? Ronsard, il est vrai, l'avait tenté; mais, s'il a échoué, n'est-ce pas précisément pour avoir voulu adapter au poème français ces formes démodées de l'ancienne mythologie? et pourtant quelle force de génie et d'inspiration n'apportait-il pas à cette œuvre ingrate! quel autre plus que lui était abreuvé aux sources les plus pures des Grecs et des Latins? quel autre eût pu réussir à nous rendre l'âme de ces religions éteintes, que ce trop fervent admirateur des vieux symboles, ce néo-païen qui identifiait à Dieu Jupiter, et qui comparait les travaux d'Hercule aux souffrances du Sauveur? Mais la mythologie de Boileau n'a rien qui rappelle celle de Ronsard ni qui annonce celle de M. Leconte de Lisle.

Elle consiste dans une collection de recettes que l'auteur juge profitables à la poésie; c'est un magasin de métaphores toutes faites et d'inventions garanties qu'il ne s'agit que de plaquer habilement dans un poème:

> Là, pour nous enchanter tout est mis en usage;
> Tout prend un corps, une âme, un esprit, un visage;
> Chaque vertu devient une divinité:
> Minerve est la Prudence, et Vénus la Beauté;
> Ce n'est plus la vapeur qui produit le tonnerre,
> C'est Jupiter armé pour effrayer la terre;
> Un orage terrible aux yeux des matelots,
> C'est Neptune en courroux qui gourmande les flots;
> Echo n'est plus un son qui dans l'air retentisse,
> C'est une nymphe en pleurs qui se plaint de Narcisse.
> Ainsi dans cet amas de nobles fictions
> Le poète s'égaye en mille inventions,
> Orne, élève, embellit, agrandit toutes choses,
> Et trouve sous sa main des fleurs toujours écloses.
> . . . .
> Sans tous ces ornements le vers tombe en langueur,
> La poésie est morte ou rampe sans vigueur.

Eh quoi! de pareils ornements font-ils vraiment vivre la poésie? leur doit-elle sa grâce et sa force? ne masquent-ils pas cette nature dont tant de beaux vers de l'*Art poétique* ont proclamé le charme souverain?

Boileau allègue une autre raison en faveur de l'emploi de la mythologie dans l'épopée: c'est qu'il faut bien y recourir, à défaut du merveilleux chrétien, dont on doit soigneusement s'abstenir.

> De la foi d'un chrétien les mystères terribles
> D'ornements égayés ne sont point susceptibles:
> L'Evangile à l'esprit n'offre de tous côtés
> Que pénitence à faire et tourments mérités;
> Et de vos fictions le mélange coupable
> Même à ses vérités donne l'air de la fable.

Il y aurait fort à dire sur cette défense faite aux poètes de s'inspirer aux sources chrétiennes. N'y a-t-il dans la religion du Christ que des pénitences et des tourments, et de si terribles mystères ? Ne peut-on la considérer qu'à travers le dogme janséniste de la grâce et du petit nombre des élus ? N'y a-t-il pas eu elle des idées plus riantes, dont Chateaubriand fera plus tard ce beau poème en prose qui s'appelle le *Génie du Christianisme* ? Et même, à la prendre par son côté le plus austère, n'a-t-elle pas inspiré un Dante et un Milton ? Dans notre *Chanson de Roland* si imparfaite, ce n'est pas elle qui a gêné le poète ; on regrette bien plutôt qu'elle n'y tienne pas une place plus grande. Au théâtre, elle a donné *SaintGenest, Polyeucte, Esther et Athalie;* il est inadmissible que cette religion de vérité et d'amour ne se soit révélée à nous qu'au prix de la poésie, et que, parce que nous connaissons le vrai Dieu, nous soyons incapables de le célébrer dignement. Boileau se laissait encore égarer sur ce point par son admiration trop exclusive de l'antiquité. Il ne concevait pas le merveilleux chrétien autrement que sur le modèle du merveilleux païen, et il reculait naïvement d'effroi à la pensée qu'on pût le profaner dans des poèmes offerts à la critique du premier venu. Il avait raison en cela : rien ne serait plus ridicule ni plus dangereux que de vouloir faire jouer à Dieu, à la Sainte Vierge ou aux anges les mêmes rôles qu'à Jupiter, Junon ou Mercure. La religion chrétienne est trop spiritualiste pour ne pas répugner à ces personnifications grossières ; les Chérubins, les Trônes et les Dominations seront toujours de pauvres personnages épiques, très peu vivants, très peu humains : mieux vaut cent fois le merveilleux païen, que cette parodie sacrilège. Mais faut-il du merveilleux à tout prix ? Ou bien n'est-il pas plus sage de ne l'admettre que dans la mesure où il peut se faire accepter par l'esprit des lecteurs ? Celui de Virgile n'est plus le même que celui d'Homère ; celui de Milton est très différent de celui de Dante ; à chaque siècle convient un merveilleux conforme aux aspirations des cœurs et des esprits, de plus en plus simple, à mesure qu'on s'éloigne des époques primitives où la foi était robuste et naïve. Qui prétendrait qu'en 1670, au siècle de Descartes, on eût besoin, pour plaire aux Français, de leur servir les figures mythologiques auxquelles ne croyaient plus guère les contemporains de Virgile ? Boileau érigeait ainsi l'artifice en loi fondamentale du poème épique ; c'est l'erreur grave qui pèse sur toute cette partie du troisième chant.

Les autres règles ne sont guère moins contestables, quelques-unes même sont puériles, comme celle qui recommande au poète, sous un vain prétexte d'harmonie, de choisir son héros parmi les héros de la fable,

Où tous les noms heureux semblent nés pour les vers.

Les descriptions doivent être riches et pompeuses, et n'admettre aucune basse circonstance : Boileau n'a pas assez de mépris pour Saint-Amant qui s'attache à peindre le détail et les objets insignifiants. — Il faut « égayer » l'ouvrage de figures sans nombre, mêler le plaisant et le pompeux, et présenter partout aux yeux une « riante image » : conseils superflus ou dangereux, qui amoindrissent singulièrement, semble-t-il, l'idéal épique. — Boileau applique à l'épopée la rège cartésienne qu'il avait formulée à l'occasion de la tragédie : faire quelque chose avec presque rien ; il faut traiter un sujet de peu de matière, le soutenir et l'étendre à force d'invention ; le *Lutrin* fournira la démonstration plaisante de ce principe.—En terminant, Boileau revient à Homère, et, par l'éloge compromettant qu'il fait du vieux poète, nous montre qu'il s'est complètement mépris sur le caractère de son génie : ne le loue-t-il pas d'avoir dérobé à Vénus sa ceinture, c'est-à-dire d'avoir fait œuvre d'artiste consommé, d'avoir disposé exactement toutes les parties de son œuvre, de ne s'être jamais égaré en de trop longs détours, enfin d'avoir converti en or tout ce qu'il a touché ? En somme, il le félicite d'avoir appliqué par avance avec habileté les règles de l'*Art poétique*. Il semble qu'il se soit appliqué à faire mentir la belle sentence par laquelle il conclut :

C'est avoir profité que de savoir s'y plaire

Il s'y plaisait sans doute, « et d'un amour sincère », puisqu'il trouvait que la seule lecture de l'*Iliade* et de l'*Odyssée* paierait bien de sa peine un homme qui emploierait plusieurs années de sa vie à apprendre le grec ; mais pouvons-nous assurer qu'il en ait autant profité ?

En parlant de la comédie, Boileau risquait moins de s'égarer ; l'exemple et l'amitié de Molière ont dû le préserver de plus d'une erreur. Cela n'empêche pas qu'il y ait beaucoup à redire au rapide historique du genre par lequel l'auteur ouvre l'étude de son sujet. Boileau traduit l'expression d'Horace *vetus comœdia* (comédie ancienne, qui s'oppose à la *moyenne* et à la *nouvelle*) par *comédie antique*, ce qui est très différent ; il est trop sévère pour Aristophane, et n'a guère compris l'intention politique du poète des *Nuées;* il fait de Ménandre, dont nous avons conservé si peu de chose et dont il n'avait sans doute rien lu, un éloge excessif, qui doit s'appliquer sans doute à Térence bien plus qu'à lui ; enfin il n'a pas dit un mot de notre ancien théâtre national, de ces farces qu'il est impossible d'oublier, si l'on veut comprendre Molière. Mais, où il retrouve tout son ferme bon sens, c'est lorsqu'il assigne comme but suprême à la comédie de peindre l'homme et lorsqu'il s'écrie en s'adressant aux poètes :

> Que la nature donc soit votre étude unique,
> Auteurs qui prétendez aux honneurs du comique...
> Etudiez la cour, et connaissez la ville.....

Ayez des yeux pour voir, du génie pour observer, pénétrez le fond de tous ces cœurs cachés, sachez bien ce que c'est qu'un avare ou un jaloux avant de les étaler à la scène, sachez découvrir, à travers un geste, à travers un rien, les mobiles secrets d'une âme, conservez à chacun les mœurs et l'humeur de sa condition et de son âge : suit cet admirable tableau des trois âges de la vie où Boileau a semé quelques-uns de ses plus beaux vers et égalé les grands modèles qu'il avait sous les yeux.

> Le temps, qui change tout, change aussi nos humeurs ;
> Chaque âge a ses plaisirs, son esprit et ses mœurs.
> Un jeune homme, toujours bouillant dans ses caprices,
> Est prompt à recevoir l'impression des vices ;
> Est vain dans ses discours, volage en ses désirs,
> Retif à la censure, et fou dans les plaisirs.
> L'âge viril, plus mûr, inspire un air plus sage,

> Se pousse auprès des grands, s'intrigue, se ménage,
> Contre les coups du sort songe à se maintenir,
> Et loin dans le présent regarde l'avenir.
> La vieillesse chagrine incessamment amasse ;
> Garde, non pas pour soi, les trésors qu'elle entasse,
> Marche en tous ses desseins d'un pas lent et glacé.
> Toujours plaint le présent et vante le passé ;
> Inhabile aux plaisirs dont la jeunesse abuse,
> Blâme en eux les douceurs que l'âge lui refuse.
> Ne faites point parler vos acteurs au hasard,
> Un vieillard en jeune homme, un jeune homme en vieillard

Tous ces conseils (est-il besoin de le dire?) sont excellents; ils font le plus grand honneur à Boileau, qui a formulé ces règles éternelles de l'art avec une précision et une énergie admirable. On ne peut s'empêcher en même temps d'y reconnaître l'heureuse influence de Molière, dont la vie et les œuvres sont la plus éclatante justification de cette doctrine.

La pensée de Molière est tellement présente dans tout ce passage, que Boileau, rompant avec la méthode qu'il avait sagement suivie dans l'*Art poétique*, de nommer le moins possible les poètes contemporains (Corneille et Racine sont à peine désignés par allusion), n'hésite pas à rendre un public hommage au grand homme qui venait de mourir, et qui mieux que tout autre avait réalisé cet idéal de l'art comique. Cet éloge, il est vrai, nous l'aurions voulu plus complet, et nous ne nous associons pas à toutes les réserves qu'y a mêlées le goût trop scrupuleux de Boileau :

> C'est par là que Molière, illustrant ses écrits,
> *Peut-être* de son art eût remporté le prix,
> Si, moins ami du peuple en ses doctes peintures,
> Il n'eût point fait souvent grimacer ses figures,
> Quitté pour le bouffon l'agréable et le fin,

Et sans honte à Térence allié Tabarin.
Dans ce sac ridicule où Scapin s'enveloppe,
Je ne reconnais plus l'auteur du *Misanthrope*.

Sachons pourtant gré à Boileau de ce *peut-être* qui lui a été si souvent reproché. Ce n'est pas un éloge banal dans la bouche de ce fervent admirateur des anciens, que d'oser attribuer à Molière une place, qui a failli être la première, par-dessus Ménandre et Térence lui-même : quand on songe à la modestie extrême avec laquelle les plus grands auteurs du xviie siècle se mettaient au-dessous des Grecs et des Latins, on est plutôt étonné de la hardiesse de cette louange qui nous semble aujourd'hui un peu fade. Parmi les contemporains de Molière, bien peu à coup sûr, malgré toute la faveur qu'ils lui témoignaient, auraient souscrit de propos délibéré à un arrêt si flatteur.

Il n'en est pas moins vrai que Boileau se montre bien sévère quand il reproche au grand poète d'avoir fait souvent grimacer ses figures, d'avoir été un bouffon et un Tabarin. Quelques marques d'admiration que l'on ait témoignées à Molière de son vivant, on peut dire qu'il ne fut jamais bien compris, ni estimé à sa vraie valeur pendant tout le siècle de Louis le Grand ; les critiques les plus bienveillants, ses propres amis, ont formulé contre lui les griefs injustes ; on a blâmé chez lui le jargon, le barbarisme et le galimatias ; on l'a accusé d'avoir trop voulu plaire au parterre, d'avoir outré les caractères, d'être tombé dans la scurrilité. Boileau n'a dit ni plus ni moins, il a résumé dans ces vers le jugement de tout son siècle. Il est d'ailleurs bien évident que le tour trop libre et trop gaulois de Molière ne convenait qu'à moitié à l'idéal un peu trop raisonnable que Boileau se faisait de la comédie ; il avait trop de bon sens et trop d'esprit de justice pour ne pas admirer d'instinct le prodigieux génie de son ami, mais il ne laissait pas d'être un peu déconcerté par l'intensité de cette sève comique, qui débordait en dehors des règles raisonnables de l'art. Tranchons le mot : des pièces de Molière, Boileau ne retient guère que les hautes comédies ; il eût fait très bon marché du *Mariage forcé*, du *Médecin malgré lui*, de *Pourceaugnac*, des *Fourberies* et de bien d'autres œuvres exquises et folles, qui nous ravissent aujourd'hui. C'est que, pour lui, la comédie ne consiste qu'à peindre des caractères généraux,

. . . . . un prodigue, un avare,
Un honnête homme, un fat, un jaloux, un bizare ;

l'auteur doit surtout *badiner noblement*, en un style *humble et doux*, et s'abstenir vigoureusement de toute plaisanterie douteuse, que désavoue la raison : là est, à ce qu'il semble, pour Boileau la règle des règles, celle d'où dépend toute la valeur de l'œuvre comique : il n'emploie pas moins de trente vers à mettre en garde le poète contre les entraînements de la bonne humeur et de la gaieté. Sans doute il est des bornes qu'il serait malséant de franchir ; mais à répéter avec tant d'insistance et en une semblable matière que l'essentiel n'est pas de plaire, mais de plaire « par la raison seule », sans jamais la choquer, on risque fort de bannir de la comédie le rire, qui en est le sel indispensable Le poète comique, selon le cœur de Boileau, c'eût été peut-être Molière, nous l'avons vu, mais ce n'est pas tout à fait lui ; ce ne sera pas du tout Regnard, trop joyeux, ni Dancourt, trop trivial ; ce sera l'auteur du *Glorieux*, de l'*Irrésolu*, du *Dissipateur* et d'autres pièces très morales, très douces, et très peu bouffonnes, ce sera l'honnête et consciencieux Destouches. A défaut de génie, il a du moins possédé toutes ces qualités d'élégance et de mesure que l'*Art poétique* met à un si haut prix.

QUATRIÈME PARTIE

BOILEAU POÈTE

Le métier de critique, et surtout de critique scrupuleux, ne va pas sans quelques désagréments : si l'on s'y cantonne à perpétuité, et que l'on se contente de juger les ouvrages d'autrui, sans en produire soi-même, c'est un manque de courage, semble-t-il, et un signe d'impuissance ; si l'on se décide à en sortir et à passer des préceptes aux exemples, il y a beaucoup de chances pour qu'on soit très mal accueilli, et que l'auteur paie chèrement, en gros et en détail, les sévérités du critique. Boileau n'a pas échappé plus qu'un autre à cette cruelle alternative. Il n'a pas manqué de gens pour lui reprocher de s'être embusqué dans le genre satirique, comme dans une citadelle commode d'où l'on pouvait guerroyer sans courir aucun risque.

> Pour un grand poème épique
> Il n'a ni sens ni cerveau...
> Il n'entend rien au lyrique ;
> Mais, s'attrapant au créneau,
> Il s'attaque au satirique,
> Où tout paraît bon et beau.

Boursault disait de même :

> Si l'*Astrate* qu'il blâme est un monstre à ses yeux,
> Comme il est du métier, il devrait faire mieux.

Coras s'écriait aussi : « Mais après tout, de quel droit et de quelle autorité entreprenez-vous de juger souverainement des poèmes héroïques, vous qui n'avez pu vous signaler jusqu'ici que par quelques satires malicieuses et téméraires ?... Il faut être capable de composer un poème épique, pour être digne de faire le procès à un auteur qui s'est rendu recommandable en ce genre d'écrire... » Reproche très injuste, qui contient la négation même des droits de la critique. Est-il besoin de faire remarquer que, pour bien juger de la tragédie, il est absolument inutile de s'y être soi-même exercé, et que le fait d'en avoir composé une, même excellente, est moins une garantie pour le critique qu'un cas de suspicion légitime?

Mais Boileau n'a pas seulement été attaqué pour ce qu'il n'a pas fait ; il l'a été aussi pour ce qu'il a fait. Quoiqu'il n'ait cultivé, à vrai dire, aucun de ces grands genres dont il a fixé les lois, il a pourtant fait œuvre poétique, comme l'indique la forme même de ses ouvrages : dès lors il s'est exposé aux représailles de tous ceux que sa libre parole avait offensés. Quand l'auteur d'un *Art poétique* écrit en vers, il doit s'attendre à ce qu'on retourne impitoyablement contre lui les critiques qu'il adressait aux autres, et qu'on l'accable sous le poids de ses propres préceptes. C'est ce qu'on a fait pour Boileau : et puisque l'on a porté sur son mérite poétique des jugements très divers et souvent peu favorables, nous avons le droit de nous demander aussi après tant d'autres : ce grand redresseur des poètes de son temps, ce législateur du Parnasse, a-t-il été lui-même un poète?

Grand poète, il n'a jamais eu la prétention de

l'être; à peine semble-t-il se juger digne d'être
compté dans le troupeau d'Apollon :

> Je sais coudre une rime au bout de quelques mots.
> Souvent j'habille en vers une maligne prose :
> C'est par là que je vaux, si je vaux quelque chose.

Encore avait-il beaucoup de peine, comme on
sait, à trouver cette rime qu'il voulait toujours raisonnable ; il travaillait et suait, il avait beau rêver
du matin jusqu'au soir, et guetter au coin d'un bois
le mot qui l'avait fui :

> Quand je veux dire blanc, la quinteuse dit noir.

Il lui arrivait souvent de recommencer un ouvrage
vingt fois, et d'effacer trois mots quand il en avait
écrit quatre. Il était de ceux qui ne croient pas que
les beaux vers s'offrent d'eux-mêmes au génie du
poète, mais qui les achètent à force de travail et de
réflexion. Quoique son désir fût d'arriver à écrire
au prix de beaucoup de labeurs des choses claires
et aisées, il n'est pas parvenu à nous dissimuler
combien de veilles lui coûtait cette apparente facilité. On sent trop souvent chez lui la gêne et l'effort.
Son vers (est-il besoin de le dire?) ne ressemble pas
à notre alexandrin moderne, si dégagé d'allure, et
qui se prête si merveilleusement à toutes les fantaisies du poète ; il est même bien loin de posséder
cette harmonie qui s'exhale de Racine, cette saveur
un peu âcre qui rehausse le style de Molière, ni cette
variété si aimable qui fait le charme des fables du
bonhomme. Il reste raide et gourmé, uniforme dans
sa construction métrique, figé dans son impeccable
monotonie. La versification de Boileau se réduit à

quelques règles très simples, à rimer raisonnablement plutôt que richement, à respecter la césure, à balancer symétriquement les deux hémistiches, sans rejet, et sans hiatus. Aussi tous ses vers sont-ils jetés dans le même moule ; il suffit d'en étudier un, pour connaître la structure de tous les autres.

Ce grave défaut en entraîne malheureusement d'autres. Le style de Boileau, réputé parfait, est bien loin d'être toujours excellent. Sans imiter l'excessive sévérité qu'a déployée dans ses notes l'éditeur Saint-Marc (1747), on est bien forcé d'avouer que les chevilles, les impropriétés de termes, les répétitions, les gaucheries de tour, les incohérences de développement, ne sont pas rares sous la plume de Boileau, et qu'on serait bien empêché d'appliquer à ses écrits ce commentaire perpétuellement admiratif que Voltaire disait convenir aux tragédies de Racine. Ces imperfections sont dues bien moins à la faiblesse du génie de l'auteur, qu'aux scrupules infinis dans lesquels il se consumait, et au soin trop minutieux qu'il apportait au détail. Assurément le vrai talent n'est pas fait de paresse ; mais il n'en est pas moins vrai qu'en certaines besognes l'excès de travail produit à peu près les mêmes effets que la négligence ; Molière a très bien décrit dans son poème sur le *Val-de-Grâce* les instances de la fresque

. . . . . qui veut sans complaisance
Qu'un peintre s'accommode à son impatience.

Boileau sans doute ne peignait pas à la fresque, mais il a trop montré qu'il en eût été incapable, et il a trop usé du système contraire, de cette « traitable méthode », qui,

. . . . allant avec lenteur, .
Du plus tardif génie attend la pesanteur.

Pourtant toute cette peine qu'il prenait n'a pas été perdue ; il ne s'est pas efforcé en vain : à défaut de l'aisance, de la variété et de l'harmonie qu'il cherchait inutilement à réaliser par de laborieux procédés, il a du moins atteint à d'autres qualités. D'abord, si le style est parfois pénible, la langue est toujours révérée et rigoureusement correcte. Si le pittoresque et la grâce font souvent défaut, il n'est pas rare, en revanche, que le vers de Boileau, par l'admirable précision des mots, par la plénitude du sens, par sa solide et robuste ossature, resplendisse d'un éclat très réel, quoique un peu sévère. Cette poésie n'a rien d'aimable à coup sûr, mais elle a le grand mérite d'être claire, de dire toujours quelque chose, plutôt bien que mal, et quand à cette qualité s'ajoutent la scrupuleuse probité du fond et la ferme vigueur de l'expression, on peut dire qu'elle a pleinement atteint son but. Les meilleurs vers de Boileau ont un accent et une beauté propres, qui les font reconnaître entre tous ceux des poètes contemporains et qui leur communiquent un air de parenté avec ceux de Malherbe. Ils donnent la même impression de force, d'autorité et de grandeur.

Cette poésie a encore un autre caractère : elle porte une marque essentiellement bourgeoise et parisienne. Je n'oserais pas dire qu'elle manque de distinction ; pourtant il faut bien avouer qu'elle n'a pas le grand air qui relève la prose d'un La Rochefoucauld. On reconnaît cette origine plébéienne à deux signes, d'abord à une certaine affectation de beau langage et d'expressions nobles qui trahit la préoccupation de s'élever au-dessus de sa classe, et aussi à certaines échappées familières et un peu triviales par où le naturel reparaît sans contrainte. Nous ne retrouvons pas à coup sûr chez Boileau la verve débridée et la langue un peu cynique de nos purs gaulois; mais il est aisé d'y découvrir une veine assez libre, qui, pour être dissimulée sous l'aspect sévère de l'ensemble et la parfaite décence de l'expression, n'en est pas moins réelle, et donne à ce style une saveur piquante. Il y a parfois dans cette poésie si raisonnable des hardiesses de touche qui étonnent : je n'en citerai guère, quoique Boileau ait corrigé les plus fortes; la Xe satire en fourmille, le portrait de M. et Mme Tardieu, cité plus haut, en fournit un bel échantillon ; il s'y trouve aussi certains vers d'où s'exhalent des senteurs un peu réalistes d'ail et de tabac. Dans son *Repas ridicule*, l'auteur nous décrit avec une visible complaisance ce godiveau,

> . . . . . tout brûlé par dehors,
> Dont un beurre gluant inondait tous les bords,

et les verres

> Où les doigts des laquais, dans la crasse tracés,
> Témoignaient par écrit qu'on les avait rincés.

Parfois il a des trouvailles de mots fort heureuses pour relever la vulgarité de certains détails ; témoin ces vers, où il nous représente la femme mondaine maquillée et fardée, qui, le soir venu, étale « son teint sur la toilette, »

> Et dans quatre mouchoirs, de sa beauté salis,
> Envoie au blanchisseur ses roses et ses lis.

Victor Hugo, qui n'est pas tendre pour l'auteur de l'*Art poétique*, admirait fort l'ingénieuse énergie de cette peinture.

Il faut bien néanmoins reconnaître qu'en général, chez Boileau, la verve est courte et l'imagination médiocrement riche. Ce défaut est surtout sensible dans les *Satires* morales, dont pas une seule n'est vraiment inspirée, quoiqu'elles foisonnent toutes de beaux vers. Dans les *Epîtres* il s'atténue déjà; il était besoin d'un moindre effort poétique pour exprimer les vérités morales et littéraires qui tenaient au cœur de Boileau, et il s'en est acquitté avec bonheur dans l'*Epître à Seignelay* et celle *à Racine*, qui sont les plus belles du recueil: quand il décrit les charmes de la campagne, ou bien quand il compare sa besogne de poète à celle qu'accomplit Antoine dans le jardin d'Auteuil, on souhaiterait à l'auteur un peu de cette grâce moitié naïve et moitié malicieuse, de cette simplicité et de cet agrément qui font le charme impérissable de son maître Horace. C'est avec l'*Art poétique* que Boileau a trouvé le meilleur emploi de ses facultés de poète. Dans un poème didactique nous ne cherchons pas de vives couleurs ni de pittoresques images; une certaine lourdeur ne messied pas à l'exposition des préceptes: l'essentiel est d'en présenter des formules exactes et de les graver en des vers inoubliables : qui oserait prétendre que Boileau n'ait pas réussi dans sa tâche? C'est proprement le triomphe de la poésie claire et raisonnable. Il n'y a guère à reprendre que les prétendus agréments dont l'auteur a tenté bien vainement d'égayer son œuvre, je veux dire ces transitions qui voudraient être légères, et cet effort pénible vers la variété, qui ne sert qu'à embrouiller le sujet, sans lui donner aucun charme. Ces fausses élégances constituent le plus grave défaut de l'*Art poétique*. Tel qu'il est, il donne à la doctrine classique un cachet d'incomparable grandeur: mais plus nu et plus austère encore, il eût été par excellence le poème de la raison.

En dehors de ces œuvres, il en est d'autres où Boileau a vraiment fait profession de poésie, et où il est plus facile d'apprécier la valeur propre de son talent. Laissons de côté les stances, les sonnets et les chansons, très peu nombreuses d'ailleurs, qui datent pour la plupart de sa jeunesse, et dont il ne tira jamais aucune vanité. Mais ce grand détracteur des odes et des épopées de son temps n'a pas hésité à nous laisser quelques échantillons plus sérieux de sa verve héroïque et de son inspiration lyrique, au risque d'encourir les railleries faciles de ses adversaires. Il est impossible de passer sous silence l'*Ode sur la prise de Namur*, puisque l'auteur proclame bien haut dans sa préface qu'il a voulu justifier Pindare « en tâchant de faire une ode en français à sa manière, c'est-à-dire pleine de mouvements et de transports, où l'esprit parût plutôt entraîné du démon de la poésie que guidé par la raison. » Il ajoute : « J'y ai jeté, autant que j'ai pu, la magnificence des mots, j'y ai employé les figures les plus audacieuses;... je ne sais si le public, accoutumé aux sages emportements de Malherbe, s'accommodera de ces saillies et de ces excès pindariques. » Hélas ! il ne s'en accommoda pas ; et aujourd'hui nous nous plaisons moins que jamais à ces transports factices, et à cette emphase parfaitement creuse. L'Epître IV, dédiée au Roi, peut être considérée comme un fragment épique et ne constitue pas une tentative plus heureuse.

Le plus grand mérite de cette pièce est certainement dans l'abondance harmonieuse du style et dans cet air pompeux qui nous déplaît aujourd'hui, mais qui convenait tout à fait au sujet traité et à la personne du grand Roi. Mais comme nous sentons l'artifice de tous ces procédés dont Boileau s'enorgueillissait sans doute, et dont il a usé sans mesure ! Ces amplifications monotones, ces énumérations, cette profusion d'images toujours les mêmes, ce luxe de grands mots et de sonores épithètes, ce mélange bizarre de mythologie surannée et d'histoire contemporaine, tout cela nous fait sourire, et nous donne une fâcheuse idée de la théorie classique de l'épopée. Pour dire que le comte de Grammont traverse le fleuve à cheval, dirions-nous que

> . . . Grammont le premier dans les flots,
> S'avance, soutenu des regards du héros :
> Son coursier écumant sous son maître intrépide
> Nage tout orgueilleux de la main qui le guide ?

et peindrions-nous ainsi les décharges de mousqueterie et d'artillerie :

> . . . . . Le plomb vole à l'instant
> Et pleut de toutes parts sur l'escadron flottant :
> Du salpêtre en fureur l'œil s'échauffe et s'allume,
> Et des coups redoublés tout le rivage fume ?

Que dire des « flots tremblants sous un si noble poids », et de l'onde « qui se plaint sous les fougueux coursiers ? » Ce pillage des trésors d'Apollon ne ressemble guère à l'idée que nous nous faisons aujourd'hui de la poésie.

Combien nous préférons à toutes ces très médiocres beautés ce joli poème très peu prétentieux, fruit d'une simple gageure soutenue chez M. de Lamoignon, cet « ouvrage de pure plaisanterie », comme l'appelle Boileau, ce *Lutrin* auquel M. Nisard reproche d'être un sujet moins noble que l'*Iliade* et l'*Enéide* ! Ce n'est pas que tout soit parfait dans ce poème : il est beaucoup trop long, c'est évident, et l'intérêt en est épuisé bien avant la fin ; les allégories du sixième chant nous laissent absolument froids, et la raillerie qui remplit les cinq autres, si excellente qu'elle soit, finit par nous lasser un peu. Mais le sujet est plaisant par lui-même et traité d'une façon très ingénieuse. Ce démêlé entre le chantre et le trésorier de la Sainte-Chapelle à propos de la place d'un lutrin était bien fait pour inspirer Boileau, qui était né à quelques pas de là sur la place du Palais, et qui y trouvait l'occasion de railler doucement les gens d'Église, la chicane et les plaideurs. Il avait connu les héros de ce petit drame burlesque, notamment le perruquier et la perruquière L'Amour, dont il nous fait, au commencement du deuxième chant, un si vivant portrait. Aussi trouva-t-il pour peindre ces personnages ridicules une verve et un entrain qui lui feront défaut quand il s'agira du passage du Rhin ou de la prise de Namur : on sent bien qu'il avait les originaux sous les yeux. Quant au style, on peut dire que Boileau s'est vraiment surpassé en cette circonstance, et qu'il a mis de la coquetterie à y déployer toutes les ressources de l'art classique. Rien n'y est trivial, malgré la vulgarité du sujet : « Au lieu que dans l'autre burlesque Didon et Énée parlaient comme des harengères et des crocheteurs, dans celui-ci un horloger et une horlogère parlent comme Didon et Énée. » Un comique peut-être un peu monotone, mais très fin et très doux, jaillit de ce perpétuel contraste. Les détails pittoresques n'y sont point rares ; l'expression y est riche, la rime elle-même semble moins rebelle, et le vers de Boileau revêt une souplesse et une harmonie inaccoutumées.

> Dans le réduit obscur d'une alcôve enfoncée,
> S'élève un lit de plume à grands frais amassée ;
> Quatre rideaux pompeux, par un double contour,
> En défendent l'entrée à la clarté du jour.
> Là, parmi les douceurs d'un tranquille silence,
> Règne sur le duvet une heureuse indolence.
> C'est là que le prélat, muni d'un déjeuner,
> Dormant d'un léger somme, attendait le dîner.
> La jeunesse en sa fleur brille sur son visage ;
> Son menton sur son sein descend à double étage,
> Et son corps ramassé dans sa courte grosseur
> Fait gémir les coussins sous sa molle épaisseur.
> La déesse (1), en entrant, qui voit la nappe mise,
> Admire un si bel ordre et reconnaît l'Eglise ;
> Et, marchant à grands pas vers le lieu du repos,
> Au prélat sommeillant elle adresse ces mots :
> « Tu dors ! prélat, tu dors ! et là-haut à ta place,
> Le chantre aux yeux du chœur étale son audace,
> Chante les oremus, fait des processions,
> Et répand à grands flots les bénédictions.
> Tu dors ! attends-tu donc que sans bulle et sans titre,
> Il te ravisse encor le rochet et la mitre ?
> Sors de ce lit oiseux qui te tient attaché,
> Et renonce au repos ou bien à l'évêché. »
> Elle dit, et du vent de sa bouche profane,
> Lui souffle avec ces mots l'ardeur de la chicane.
> Le prélat se réveille, et plein d'émotion,
> Lui donne toutefois la bénédiction.
> Tel qu'on voit un taureau qu'une guêpe en furie
> A piqué dans les flancs, aux dépens de sa vie ;
> Le superbe animal, agité de tourments,
> Exhale sa douleur en longs mugissements.

(1) La Discorde.

Tel le fougueux prélat, que ce songe épouvante,
Querelle en se levant et laquais et servante ;
Et d'un juste courroux rallumant sa vigueur,
Même avant le dîner parle d'aller au chœur.
Le prudent Gilotin, son aumônier fidèle,
En vain par ses conseils sagement le rappelle :
Lui montre le péril, que midi va sonner,
Qu'il va faire, s'il sort, refroidir le dîner.

« Quelle fureur, dit-il, quel aveugle caprice,
Quand le dîner est prêt, vous appelle à l'office ?
De votre dignité soutenez mieux l'éclat.
Est-ce pour travailler que vous êtes prélat ?
A quoi bon ce dégoût et ce zèle inutile ?
Est-il donc pour jeûner Quatre-Temps ou Vigile ?
Reprenez vos esprits, et souvenez-vous bien
Qu'un dîner réchauffé ne valut jamais rien. »

Ainsi dit Gilotin, et ce ministre sage
Sur table, au même instant, fait servir le potage.
Le prélat voit la soupe, et, plein d'un saint respect,
Demeure quelque temps muet à cet aspect.
Il cède, il dîne enfin...

Citons encore cette fin célèbre du second chant:

A ce triste discours, qu'un long soupir achève,
La Mollesse, en pleurant, sur un bras se relève,
Ouvre un œil languissant, et d'une faible voix,
Laisse tomber ces mots qu'elle interrompt vingt fois :
« O Nuit, que m'as-tu dit ? Quel démon sur la terre
Souffle dans tous les cœurs la fatigue et la guerre ?
Hélas ! qu'est devenu ce temps, cet heureux temps
Où les rois s'honoraient du nom de fainéants,
S'endormaient sur le trône, et me servant sans honte,
Laissaient leur sceptre aux mains ou d'un maire ou d'un
[comte ?
Aucun soin n'approchait de leur paisible cour,
On reposait la nuit, on dormait tout le jour ;

Seulement au printemps, quand Flore dans les plaines
Faisait taire des vents les bruyantes haleines,

Quatre bœufs attelés, d'un pas tranquille et lent,
Promenaient dans Paris le monarque indolent.
Ce doux siècle n'est plus. Le ciel impitoyable
A placé sur le trône un prince infatigable.
Il brave mes douceurs, il est sourd à ma voix :
Tous les jours il m'éveille au bruit de ses exploits.
Rien ne peut arrêter sa vigilante audace,
L'été n'a point de feu, l'hiver n'a point de glace.
J'entends à son seul nom tous mes sujets frémir.
En vain deux fois la paix a voulu l'endormir ;
Loin de moi son courage, entraîné par la gloire,
Ne se plaît qu'à courir de victoire en victoire.
Je me fatiguerais à te tracer le cours
Des outrages cruels qu'il me fait tous les jours.
Je croyais, loin des lieux d'où ce prince m'exile,
Que l'Église du moins m'assurait un asile ;
Mais en vain j'espérais y régner sans effroi ;
Moines, abbés, prieurs, tout s'arme contre moi ;
Par mon exil honteux la France est ennoblie,
J'ai vu dans Saint-Denis la réforme établie,
Le carme, le feuillant s'endurcit aux travaux,
Et la règle déjà se remet dans Clairvaux.
Cîteaux dormait encore, et la Sainte-Chapelle
Conservait du vieux temps l'oisiveté fidèle ;
Et voici qu'un lutrin, prêt à tout renverser,
D'un séjour si chéri vient encor me chasser.
O toi, de mon repos compagne aimable et sombre,
A de si noirs forfaits prêteras-tu ton ombre ?
Ah ! Nuit, si tant de fois dans les bras de l'amour
Je t'admis aux plaisirs que je cachais au jour,
Du moins ne permets pas... » La Mollesse oppressée
Dans sa bouche à ces mots sent sa langue glacée,
Et lasse de parler, succombant sous l'effort,
Soupire, étend les bras, ferme l'œil et s'endort.

On peut à coup sûr rêver une poésie bien différente de celle-là, plus libre, plus variée, plus colorée et plus virile ; mais il est bien difficile de dénier absolument à l'auteur qui a écrit de pareils vers le titre de poète.

CONCLUSION.

Le talent poétique de Boileau peut être discuté; mais personne n'a jamais songé à contester la place considérable qu'occupe son œuvre dans l'histoire de notre littérature. Aucun auteur n'a plus que lui influé sur son temps et sur les destinées poétiques de son pays. Cette influence a-t-elle été de tout point excellente? C'est ce qu'il s'agit d'examiner.

Le siècle de Louis XIV doit beaucoup à Boileau. C'est lui qui, en rappelant les auteurs à l'observation de la nature et à la discipline de la seule raison, a opéré dans la poésie une révolution analogue à celle que les *Provinciales* avaient amenée dans la prose: sans lui les faiseurs d'épopées ou de petits vers auraient continué à rimer à l'aventure, sans règle et sans choix; et à leur suite la poésie eût précipité sa décadence. Il a fallu un vrai courage, disons presque de l'héroïsme, à cet obscur fils de greffier, à ce petit bourgeois de la place du Palais, pour oser arracher les masques dont se couvraient les poètes les plus en faveur et les plus renommés, les académiciens les plus graves, et pour dire en face à ces Chapelains et à ces Cotins infatués d'eux-mêmes: Vous ne valez rien du tout, vos vers sont durs et ennuyeux, ou bien fades et languissants; retournez à l'école du bon sens, à celle du travail surtout, sinon taisez-vous. Après avoir bien crié contre la hardiesse insolente de ce nouveau venu, ils se sont tus; le goût public s'est ressaisi ; Molière, Racine et La Fontaine font des chefs-d'œuvre, et les font admirer. Sans doute ce n'est pas Boileau qui leur a donné leur génie ; mais n'est-ce pas grâce à ses conseils et à son amitié qu'ils en ont pris pleine conscience ? Il n'y a qu'une nuance d'exagération à reprendre dans ce bel éloge qu'a porté Sainte-Beuve sur l'œuvre de Boileau et qui reste le jugement de la postérité : « Saluons et reconnaissons aujourd'hui la noble et forte harmonie du grand siècle. Sans Boileau et sans Louis XIV, qui reconnaissait Boileau comme son contrôleur général du Parnasse, que serait-il arrivé ? Les plus grands talents eux-mêmes auraient-ils rendu également tout ce qui forme aujourd'hui leur plus solide héritage de gloire? Racine, je le crains, aurait fait plus souvent des *Bérénice;* La Fontaine moins de *Fables* et plus de *Contes;* Molière lui-même aurait donné davantage dans les Scapins, et n'aurait peut-être pas atteint aux grandeurs sévères du *Misanthrope*. En un mot, chacun de ces beaux génies aurait abondé dans ses défauts. Boileau, c'est-à-dire le bon sens du poète critique, autorisé et doublé de celui d'un grand roi, les contint tous et les contraignit, par sa présence respectée, à leurs meilleures et à leurs plus graves œuvres. » Ce qu'il y a de sûr, c'est que l'on ne saurait comprendre la littérature du XVIIe siècle, si l'on n'y place pas bien au centre les *Satires* et l'*Art poétique*. Racine, Molière et La Fontaine ont été des poètes bien plus grands ; mais le bon sens de Boileau reste comme le lieu géométrique où se sont rencontrés les génies puissants de ses amis.

Si l'on considère l'époque qui a suivi, et qu'on cherche à découvrir quels fruits y a portés la doctrine classique, on éprouve un étonnement mêlé d'inquiétude. Que sont devenus tous ces genres de poésie dont Boileau avait rigoureusement édicté les lois? Les conditions et les règles en étaient fixées: il semblait que la poésie fût plus facile et que les auteurs n'eussent plus qu'à faire voile sur cette mer dont on avait signalé tous les écueils. Tout au contraire, c'est une décadence de tous les genres, qui se manifeste du vivant même de Boileau, et qui ira s'accentuant chaque jour. Voltaire le constate avec mélancolie, et il en donne des raisons très justes dans le *Siècle de Louis XIV ;* il montre bien que chacun des genres poétiques ayant des limites immuables et un idéal propre, n'a plus qu'à décroître, une fois qu'il a acquis ce point unique de perfection que savent seuls réaliser les grand auteurs. « Chaque artiste saisit en son genre les beautés naturelles que ce genre comporte... Les sujets et les embellissements propres à ces sujets ont des bornes bien plus resserrées qu'on ne pense. » La tragédie est épuisée après un Racine, « car les grandes passions et les grands sentiments tragiques ne peuvent pas se varier à l'infini d'une manière neuve et frappante. Tout a ses bornes. » Il en est de même pour la comédie : il n'y a dans la nature qu'une douzaine, tout au plus, de caractères comiques : il faudrait que la nature en fît d'autres, pour que de nouveaux Molières fissent des *Avare* ou des *Tartuffe*. Aucun genre n'échappe à cette loi fatale. « Ainsi donc, conclut Voltaire, le génie n'a qu'un siècle, après quoi il dégénère. » Il y aurait fort à dire sur cette prétendue loi naturelle, à laquelle les chefs-d'œuvre de notre xixe siècle suffisent à donner un éclatant démenti. Mais ce découragement paraît la conséquence logique de la doctrine classique.

La décadence est générale et se précipite rapidement. Après Racine, faut-il citer Campistron et Lagrange-Chancel ? C'est en vain que Crébillon et Voltaire essaieront de ranimer ce fantôme : les Baour-Lormian et les Luce de Lancival lui porteront le dernier coup. Depuis longtemps déjà ce n'est plus dans les tragédies que le public ira chercher les fortes émotions et le spectacle de tragiques aventures, mais dans *Manon Lescaut*, ou dans la *Nouvelle Héloïse*. La comédie semble moins atteinte : ce genre national préexistait à la création classique et lui a heureusement survécu ; mais là encore on peut remarquer de graves symptômes de décadence : avec Destouches, la veine de la comédie poétique semble tarie : Marivaux, la Chaussée, Beaumarchais vont briller au premier rang. L'ode classique va disparaître aussi : Jean-Baptiste Rousseau réalise l'idéal lyrique de l'*Art poétique*, avec plus d'habileté que de génie, mais il l'épuise en même temp , et n'aura pas de successeurs. Quant à l'épopée, s'il ne pouvait y avoir décadence, il n'y eut pas non plus renaissance : la *Henriade* l'a prouvé de reste. Pendant que la poésie se tarit, un genre croît, se développe, et va recueillir toutes ces dépouilles, genre jadis très cultivé, auquel Boileau a fait la guerre, et qui, complètement transformé, va conquérir peu à peu toutes les places fortes où se retranchait l'ancienne poésie. C'est le roman, qui au xviiie siècle s'enrichit des pertes de la comédie avec Le Sage et Marivaux, de celles de la tragédie avec l'abbé Prevost et Rousseau, de celles du lyrisme avec le même Rousseau, et plus tard avec George Sand. De nos jours, il a encore agrandi et consolidé ses conquêtes: il est devenu universel, il prend tous les visages, et prétend satisfaire à toutes les aspirations.

Or (est-il besoin de le dire ?) le roman est en prose. Il serait curieux de constater que le grand effort de l'*Art poétique* ait abouti si promptement à quoi ? au triomphe de la prose. C'est pourtant ce qui est arrivé.

Tout d'abord on peut émettre des doutes très graves sur l'utilité réelle des *Arts poétiques* en général, et de celui de Boileau en particulier. S'il est indispensable aux ouvriers de bien connaître leur métier pour faire un bon ouvrage, je ne crois pas qu'il soit profitable aux artistes de trop bien connaître les règles cachées de leur art. Car c'est assimiler l'art au métier, et le réduire en recettes et en procédés ; c'est faire tort, quoi qu'on veuille et quoi qu'on fasse, à l'élément purement génial et partant indéterminé de l'art. On l'a bien vu à Rome, quand des écoles de rhéteurs sont venues exposer en détail le mécanisme oratoire et réglementer l'emploi des sentences, des figures et de tous ces mouvements de passion et de style que nous admirons encore chez un Démosthène : l'éloquence en a reçu un coup terrible, dont elle ne s'est pas relevée. Chez nous, n'est-ce pas à partir de l'époque où l'on a voulu raisonner les lois de la poésie épique qu'on n'a plus su faire d'épopée ? Les théories de Ronsard, de Chapelain, de Boileau, du Père Le Bossu et de tant d'autres ont abouti à ce beau résultat, de rendre impossible en France pendant deux cents ans la production d'aucun chef-d'œuvre épique. Il ne faut pas, en effet, trop chercher ce qu'il y a au fond de la poésie, ni imiter les enfants qui cassent leur poupée pour voir ce qu'il y a dedans. En s'appliquant trop à analyser cette subtile matière, notre raison ne pourra jamais y apercevoir que des règles et des procédés : le meilleur de la poésie, qui est dans l'âme du poète, lui échappera toujours. Il est donc fort possible que l'*Art poétique* ait été, tout compte fait, et malgré les incontestables services qu'il a rendus en son temps, plutôt préjudiciable aux destinées de la poésie française. Vers la fin du xviii siècle, Sébastien Mercier, Dorat-Cubières et Marmontel protesteront vivement contre l'autorité de Boileau au nom même de la poésie expirante, et préluderont aux violences des rénovateurs romantiques.

Il y a encore une autre cause qui explique cette inefficacité de l'*Art poétique* : c'est que la poésie ainsi entendue incline trop visiblement vers la prose, pour qu'elle ne tende pas à se confondre avec elle. Les qualités qui distinguent la prose du xviie siècle, c'est-à-dire la clarté, la précision, la logique vigoureuse, le nombre, l'éclat si pur et si contenu, sont justement celles que Boileau exigeait de la poésie. Ce sont là sans doute les caractères de tout bon style, et j'avoue que la poésie ne saurait s'en passer : mais ce n'est pas là ce qui fait que la poésie est proprement la poésie, et non pas la prose. Edicter comme règle suprême que le poète doit aimer la raison et s'inspirer d'elle *seule*, et déduire de ce principe tous les autres préceptes de l'art poétique, c'est attribuer à la poésie le même but, les mêmes moyens d'expression qu'à la prose. Dès lors on est tenté de s'écrier au poète à qui Boileau impose toutes ces conditions, ce que Boileau lui-même disait par raillerie à Chapelain : Que n'écrivez-vous en prose ? M. Jourdain, il est vrai, ne partagerait pas cet avis, et il maintiendrait majestueusement qu'il existe une différence bien tranchée entre la prose et les vers.

Mais si ce qui est vers n'est pas prose, tout ce qui est vers est-il nécessairement poésie? La poésie consiste-t-elle uniquement dans l'observation de deux ou trois règles de prosodie, concernant le nombre des syllabes, la rime, la césure et l'absence d'hiatus? N'est-elle pas autre chose, que la raison est impuissante à définir et à réglementer, et qu'elle condamnera même parfois, si on commet la faute de la prendre comme seule et infaillible arbitre? L'*Art poétique* ne semble-t-il pas seulement fait pour cette belle prose rimée et rythmée qui fut à peu près la seule poésie du XVIIe siècle, et non pour la poésie proprement poétique, à qui il faut la liberté?

Nous voyons aussi par là pourquoi Boileau s'est tant débattu contre la rime. Cela tenait sans doute à la lenteur de son génie, mais aussi à l'application rigoureuse du système classique. L'union intime de la rime et de la raison qu'il exigeait à tout prix ne pouvait être réalisée qu'au prix d'efforts inouïs et souvent infructueux: mais est-ce vraiment la loi constitutive de la rime? Sans doute il faut que la rime compte avec la raison et se garde bien de lui tourner le dos: car le bon sens a toujours des revanches assurées; mais assigner à la rime cette obligation expresse et exclusive, n'est-ce pas méconnaître son pouvoir suggestif? n'est-ce pas s'interdire les horizons qu'elle peut ouvrir, les fantaisies qu'elle suscite, l'enchantement des oreilles qu'elle procure? Où Molière trouvait-il la rime? Je l'ignore; mais tandis que Boileau la cherchait, Molière la trouvait, et souvent il la rencontrait là où Boileau ne l'aurait pas raisonnablement cherchée. Du moment que la rime n'est qu'un ornement de style, et non pas une des conditions essentielles de la poésie, on y renoncera assez vite. Si le plus bel éloge qu'on puisse faire des beaux vers se réduit à dire qu'ils sont beaux comme de la prose, le plus simple est évidemment d'écrire en prose : c'est une conclusion nécessaire, dont le XVIIIe siècle se chargera vite de faire l'application. Mais comme la poésie ne peut pas mourir, il faudra bien qu'elle se reforme obscurément quelque part en dehors des genres vides et stériles du vieil art poétique : c'est la prose, restée libre, qui recueillera en elle le génie poétique de la France. Les précurseurs des grands poètes du XIXe siècle ne seront pas les Delille, ni les disciples attardés de Boileau, ni même ce noble André Chénier, trop loué peut-être ; ce seront des hommes de prose, grands poètes par l'imagination et par le cœur, J.-J. Rousseau et Chateaubriand.

Il y a donc deux parts bien distinctes à faire dans l'œuvre de Boileau.

Ce qui en a survécu est considérable. Cette clairvoyance merveilleuse du critique, qui a su juger son époque si confuse, chasser du goût public les méchants auteurs, faire la place aux grands, organiser la poésie, et présider vraiment à la gloire de son siècle, nous donne encore aujourd'hui, après plus de deux cents ans, un exemple excellent et la plus profitable des leçons. Tâchons d'être Boileau pour nos contemporain, c'est-à-dire tâchons de les juger avec e la même équité, le même désintéressement, la même indépendance. Soyons aussi Boileau pour nous-mêmes, quand nous écrivons, c'est-à-dire travaillons beaucoup, observons notre plume, ne cherchons pas le succès trop facile, et surtout gardons-nous d'enfreindre ces principes éternels du goût et du style que l'auteur de l'*Art poétique* a formulés avec tant d'autorité. Bien des choses ont changé depuis ce temps-là ; mais on n'a pas encore trouvé le moyen de faire œuvre durable en se passant des clartés de cette raison que Boileau a tant prônée. Aussi le nom de Boileau n'est-il pas seulement un grand honneur pour nous, il est aussi la meilleure des sauvegardes ; demandons-nous, quand il nous vient quelque scrupule, ce qu'aurait pensé de nous ce grand railleur, ce grand homme de bon sens, qui a personnifié mieux que personne l'esprit français ; et méditons le conseil de Voltaire : « Il ne faut pas dire du mal de Nicolas : cela porte malheur. »

Ce qui a péri de l'œuvre de Boileau (et cette perte, s'il eût pu la prévoir, lui eût semblé la fin de la poésie), c'est la doctrine classique elle-même, dont il a été le législateur et l'interprète. Elle a fait son temps, elle est morte, sans que soit mort avec elle, par bonheur, le génie de la France. Il est bien clair que la vertu poétique de ces règles est maintenant épuisée ; la raison humaine n'a pas changé, mais elle nous a fait concevoir d'autres idées et d'autres formes. L'*Art poétique* de Boileau demeure à la fois comme un Art d'écrire toujours vivant dans ses préceptes les plus généraux, et comme le testament de cette belle littérature classique, qui est devenue pour nous une troisième antiquité.

TABLE DES MATIÈRES

	Pages.
AVANT-PROPOS.	7
VIE DE BOILEAU; L'HOMME; SON CARACTÈRE	11

LA SATIRE :

    I. Les Satires morales 47
    II. Lutte contre les poètes héroïques. 62
    III. Lutte contre les burlesques. 82
    IV. Lutte contre les précieux et les romanesques 89
    V. Lutte contre les partisans des Modernes . 106
    VI. Jugement général sur Boileau satirique . . 122

LA DOCTRINE :

    I. Retour à la nature 131
    II. Nature et raison 143
    III. L'imitation des anciens 162
    IV. L'art et la morale 170
    V. Les genres. 183
    VI. La tragédie, l'épopée, la comédie 193

BOILEAU POÈTE	215
CONCLUSION.	228

TABLE DES GRAVURES

	Pages.
Nicolas Boileau.	4
Théophile de Viau.	71
Chapelain.	77
D'Assouci.	85
Philippe Quinault	95
Charles Perrault	111
Georges de Scudéry.	173

POITIERS. — TYPOGRAPHIE OUDIN ET Cie.

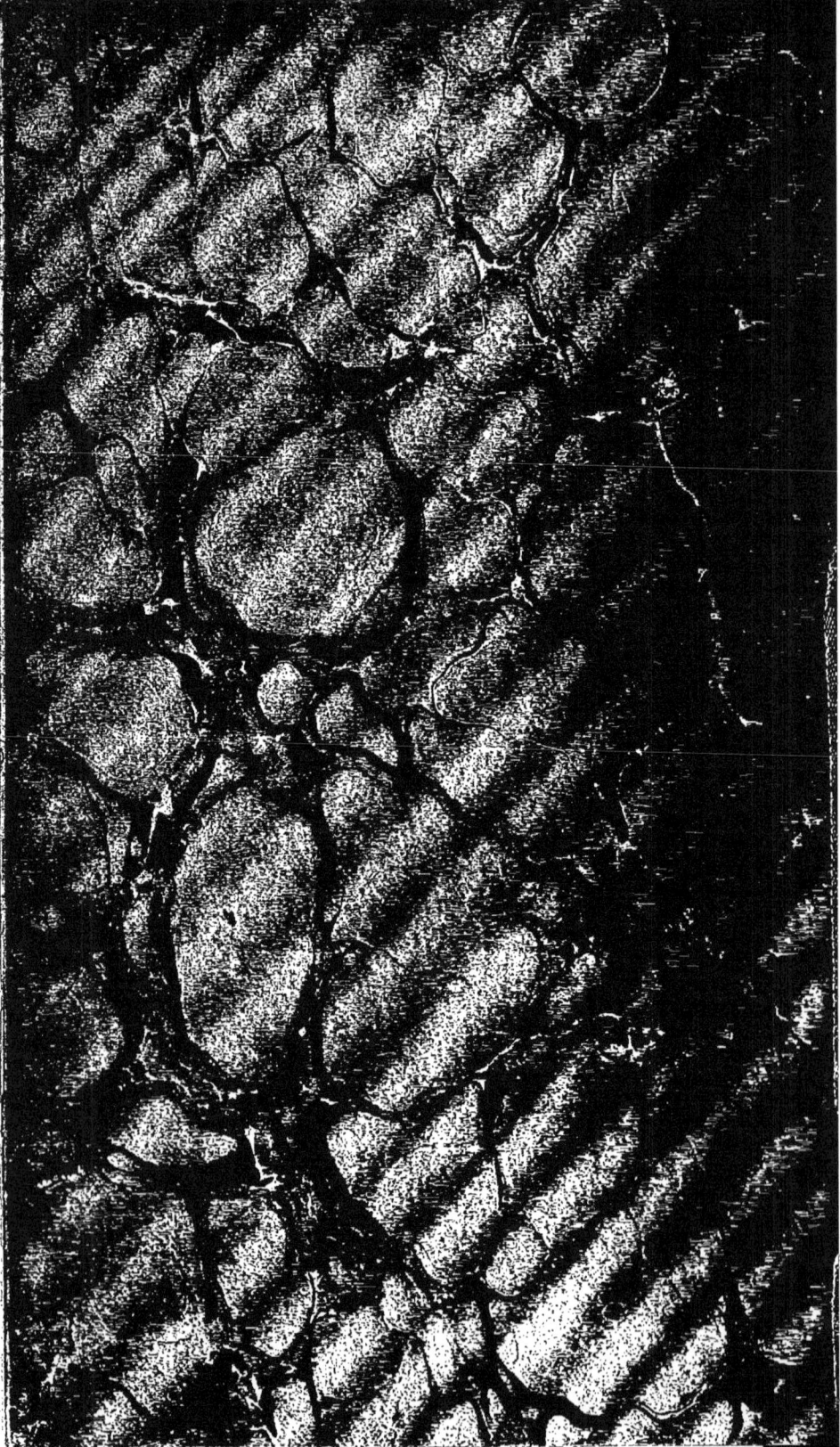

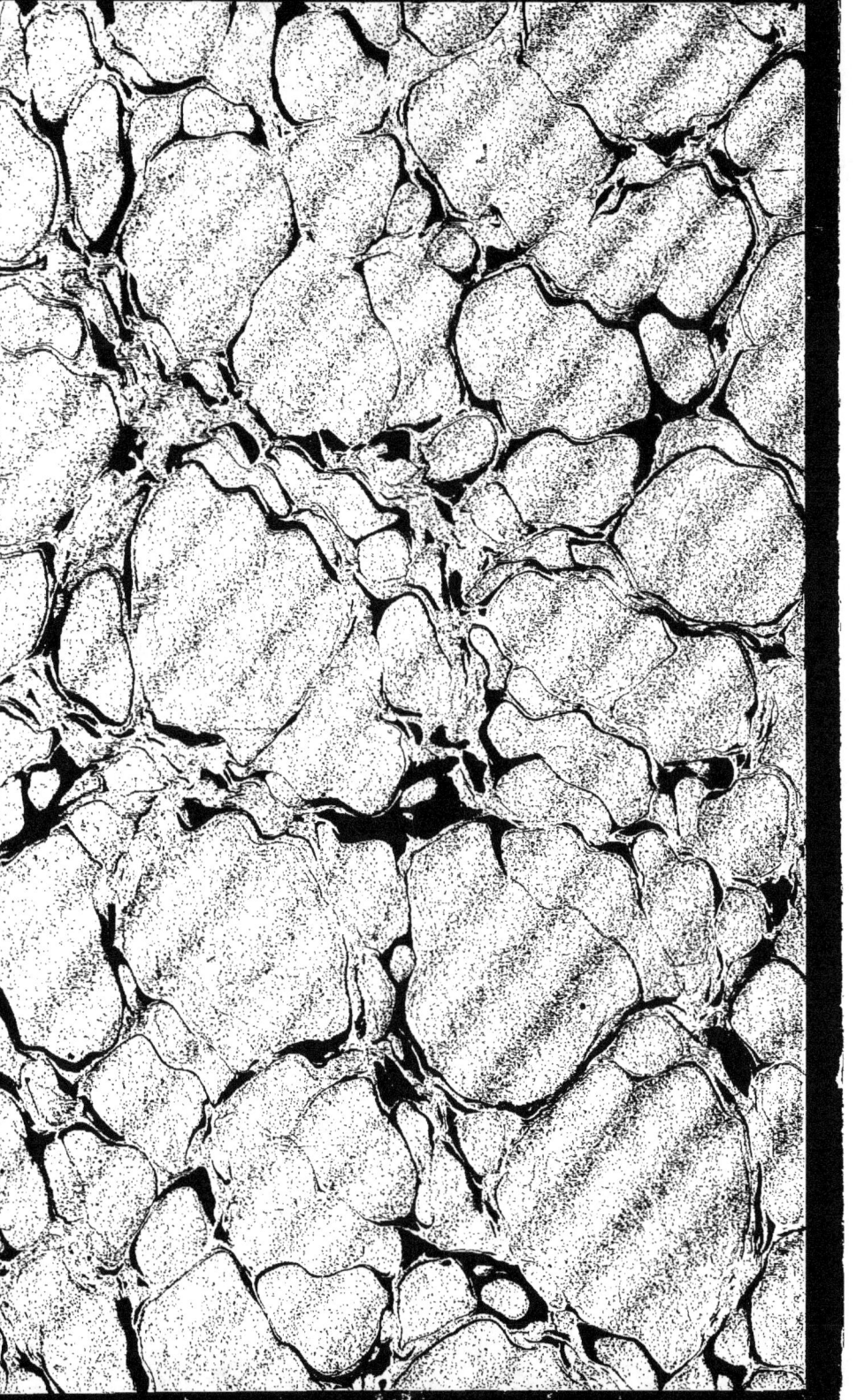

www.ingramcontent.com/pod-product-compliance
Lightning Source LLC
Chambersburg PA
CBHW070525170426
43200CB00011B/2321